历史学的实践丛书

历史学的实践丛书

什么是数字史学
What is Digital History?

〔芬兰〕汉努・萨尔米（Hannu Salmi）　著

徐艺欢　译
王　涛　校

北京大学出版社
PEKING UNIVERSITY PRESS

著作权合同登记号 图字：01-2021-0340

图书在版编目（CIP）数据

什么是数字史学 /（芬）汉努·萨尔米著；徐艺欢译 . —北京：北京大学出版社，2023.11

（历史学的实践丛书）

ISBN 978-7-301-34376-0

Ⅰ.①什…　Ⅱ.①汉…②徐…　Ⅲ.①史学 – 数字化 – 研究　Ⅳ.① K03

中国国家版本馆 CIP 数据核字（2023）第 160732 号

书　　　名	什么是数字史学	
	SHENME SHI SHUZI SHIXUE	
著作责任者	〔芬兰〕汉努·萨尔米（Hannu Salmi）著　徐艺欢 译	
责 任 编 辑	李学宜	
标 准 书 号	ISBN 978-7-301-34376-0	
出 版 发 行	北京大学出版社	
地　　　址	北京市海淀区成府路 205 号　100871	
网　　　址	http://www.pup.cn　　　新浪微博 @ 北京大学出版社	
电 子 邮 箱	编辑部 wsz@pup.cn　　　总编室 zpup@pup.cn	
电　　　话	邮购部 010-62752015　　发行部 010-62750672	
	编辑部 010-62752025	
印 刷 者	三河市北燕印装有限公司	
经 销 者	新华书店	
	650 毫米×965 毫米　16 开本　9.25 印张　113 千字	
	2023 年 11 月第 1 版　2023 年 11 月第 1 次印刷	
定　　　价	40.00 元	

目 录

导　论

当今世界充斥着数字信息。查理·吉尔（Charlie Gere）在 2002
年的专著《数字文化》（*Digital Culture*）中写道："如果用借代手法来讨论数字信息，那就是虚拟模拟、即时通信、无处不在的媒体和全球互联，让我们当下几乎全部生活都穿上了数字盔甲。"① 如今，比 2002 年更甚，数字信息就在我们身边。当我们谈论数字文化时，通常指的是计算机、移动设备、信息流和大面积普及的社交媒体。

数字性（digitality）往往强调现在时。我们可以比过去更快地交流当下发生的一切，就好像生活在一个延伸的现在。然而，在过去的几十年里，数字信息在日常生活中的角色，也就是所谓的**数字化**（digitalization），影响了我们对过去的感知，包括探索历史和交流历史发现的方式。本书的目的是讨论这一新兴领域及其对历史研究的影响。"数字史学"（digital history）②的概念已经存在了数十年。然而，在 2010—2020 年间，数字史学成为历史研究的一个独特分支，建立

① Charlie Gere, *Digital Culture*, London: Reaktion Books, 2002.
② 《中国大百科全书》（第三版）词条采用了"数位史"的译法。本书采用大陆学界使用较多的译法"数字史学"。——译者注

起跨学科的联系，并且借此不断地获得界定和新定义。除了以上内容，本书还会以国家和地区为例，介绍各种数字档案和数字历史研究项目。

在进一步讨论"数字史学"的概念及其含义之前，我们有必要先概述数字文化和信息计算机化的历史。从词源上来看，"数字的"（digital）来源于拉丁语"digitalis"，词源是"digitus"，意为手指或脚趾。①"Digitalis"指用多个手指做的事。最终，它逐渐演变成"数字"（digit），因为可以用十个手指数完，所以通常指小于十的数字。第二次世界大战之后，"数字"开始用于指代计算机，它们实际上是以数字形式处理信息的计算机器。计算机中的数字在过去和现在都被称作二进制编码，只涉及两个数字：0 和 1。"Digitalis"作为信息技术时代的词根，也体现在其他语言中。然而，一些语言虽然与拉丁语无关，但是表示数字史学时，使用的词语仍与数字（numbers）有关。法语中表示数字的形容词是"numérique"。俄语中用"цифровая история"（tsifrovaya istoriya）表示数字史学，"цифр"（tsifr）指的是数字（numbers）。繁体中文的表达方式是"數位史學"，"數位"指的是一个数字——"數"（number），和一个单位——"位"（bit）。当这两个字连在一起时，表示"数字"（digit）。

"数字信息"的出现和发展始于第二次世界大战之后，也是人们用计算机处理信息的历史进程的一部分。如果"数字"最初指的是

---

① Angus Stevenson (ed.), *Oxford Dictionary of English (3rd edition)*, Oxford: Oxford University Press, 2010, p. 490.

用手指计数，那么它很快就开始用于更复杂的计算过程。当手指、笔和纸不足以应付时，计算机成为计算机器。早期信息计算机化的历史以大型主机为特征，大学和公司用其进行科学数据运算和保险核算，以及维护大型数据库。[①]虽然人们认为当时社会对用计算机处理信息的需求有限，但是这项新技术开启了全新的思维方式。

据说，IBM 董事长托马斯·J.沃森（Thomas J. Watson）在 1943 年曾说过一句话："我认为，未来的世界市场上可能会有五台计算机。"[②]可见准确预言未来是多么困难。沃森是否说过这句话值得怀疑，但是这句话象征着，不仅是计算机，而且关于信息技术的思维方式都在迅速变化。[③] 20 世纪 50 年代和 60 年代，沃森的同时代人都试图估算公司和政府部门用于计算的大型主机的数量需求。他们得出的结论往往是需求量很小。很快，这一切都会改变。

20 世纪 70 年代，微型芯片的问世缩小了信息技术工具的体积。[④] 20 世纪 80 年代，办公室和家庭里随处可见小型计算机，计算机成了日常生活的一部分。[⑤]公共信息网终端（Minitel）是法国通过电话线

[①] Martin Campbell-Kelly and Daniel D. Garcia-Swartz, *From Mainframes to Smartphones: A History of the International Computer Industry*, Cambridge, MA: Harvard University Press, 2015.（尤其要关注此书的第一部分和第二部分）

[②] Peter Barry and Patrick Crowley, *Modern Embedded Computing: Designing Connected, Pervasive, Media-Rich Systems,* Elsevier: Amsterdam, 2012, pp. 23-24.

[③] 许多作家并未质疑沃森这句话的真实性，参见 Pekka Himanen, *The Hacker Ethic and the Spirit of the Information Age,* New York: Random House, 2001。

[④] Asa Briggs and Peter Burke, *A Social History of the Media: From Gutenberg to the Internet (3rd edition)*, Cambridge: Polity, 2009, pp. 241-242.

[⑤] Martin Campbell-Kelly and Daniel D. Garcia-Swartz, *From Mainframes to Smartphones: A History of the International Computer Industry*, pp. 105-123.

路为家庭提供在线服务的先驱。它于 1982 年推出，受到法国数百万人的欢迎。① 很快，在线连接将成为知识生产的支柱，也是数字史学取得突破的前提。20 世纪 80 年代末至 90 年代初，冷战的结束为经济全球化和跨地区信息流动打开了大门。这伴随着卫星、广播网络和互联网等一系列通信技术的进步。这些变化为 20 世纪 90 年代和 21 世纪初的数字信息项目铺平了道路，包括历史资料的数字化和文献展览服务，其中一些项目仍在进行中。第一章将会有详细讨论。

"数字信息"的概念是 20 世纪 90 年代信息变革的核心。经济学家认为，传统工业即后来被称作"烟囱工业"（chimney industry）的行业已经走到尽头。未来的发展方向既不是工业化，也不是后工业化，而是以知识为导向的产业。信息将会是一个社会的主要产品。这是众多信息项目的基本思想，其中就有 1991 年美国比尔·克林顿（Bill Clinton）政府在副总统阿尔·戈尔（Al Gore）领导下推动的"国家信息基础设施项目"（National Information Infrastructure）。② 它普及了信息高速公路的理念，即高速数据传输过程。信息会充当经济发展的引擎，这种愿景很快在其他国家得到采纳和推动。欧洲的行动尤为迅速，特别体现在 1994 年《本格曼报告》（Bangemann Report）之后，报告提出"一项具体的行动计划，该计划基于私人

---

① Hugh Schofield, "Minitel: The Eise and Fall of the France-wide Web", in *BBC News Magazine* (Paris), 28 June 2012. https://www.bbc.com/news/magazine-18610692.

② Gabriele Balbi and Paolo Magaudda, *A History of Digital Media: An Intermedia and Global Perspective*, New York: Routledge, 2018.

部门和公共部门的合作，以推动欧洲进入信息化社会"。①20 世纪 90 年代，信息变革走向了全球，但仍有地区间的差异。②

20 世纪 90 年代初之后，信息变革的特征是在线通信迅速发展，尤其是在采用万维网（World Wide Web）之后，为通过马赛克浏览器（Mosaic）、网景浏览器（Netspace）和后来的微软网页浏览器（Explorer）以及火狐浏览器（Firefox）等图形浏览器获取信息提供了便利。图形界面意味着上传和下载信息需要更多的带宽。20 世纪 80 年代的电话调制解调器被 20 世纪 90 年代的高速互联网接入取代，又被 21 世纪的无线网络、移动宽带和光纤接入取代。

随着万维网的出现，浏览互联网变得更加容易。图形浏览器以互联网为媒介，展示图像和可视化内容，为呈现历史文献提供了新途径。很快，历史学家和其他人文学科研究者就会强调，要让人们通过网络了解过去。让我们回到"数字史学"概念的发展背景，先从芬兰和美国说起。

在 20 世纪 90 年代初的芬兰，人们用"sähköinen historia"或

4

① Bangemann Group, "Europe and the global information society", in *Growth, Competitiveness and Employment, White Paper Follow-up*, Luxembourg: Office for Official Publications of the European Communities, 1994. http://aei.pitt.edu/1199/1/info_society_bangeman_report.pdf.

② 以日本为例，千禧年之初，新国家信息技术战略推动建立一个"电子日本"（e-Japan），参见 Jane M. Bachnik, "Introduction: Social challenges to the IT revolution in Japanese education", in Jane M. Bachnik (ed.), *Roadblocks on the Information Highway: The IT Revolution in Japanese Education,* Lanham, MD: Lexington Books, 2003, pp. 3-6. 关于日本技术史，参见 Tessa Morris-Suzuki, *The Technological Transformation of Japan: From the Seventeenth to the Twenty-first Century*, Melbourne: Cambridge University Press, 1994。

"elektroninen historia" 描述以互联网为媒介的历史学。两个词组的意思都是电子史学（electric history）。它还不是历史研究的主流。相反，这是一种新兴的研究趋势，强调要认可在线的历史资源，为历史学家提供"电子的"研究服务，以及使用虚拟平台教学。英语中"数字史学"概念的含义也与芬兰语逐渐趋同。1996 年，芬兰推出了门户网站阿古利可拉（Agricola），此网站受多个国家记忆机构支持，为研究历史的学者和学生提供服务。1997 年，美国的爱德华·L. 艾尔斯（Edward L. Ayers）和威廉·G. 托马斯（William G. Thomas）使用了"数字史学"一词，建议成立专门针对这一新兴领域的研究中心。第二年，该中心被命名为"弗吉尼亚数字史学中心"（Virginia Center for Digital History，简称 VCDH）。在研究中心的初始页面上，它的任务定义如下：

> 弗吉尼亚数字史学中心的任务是为万维网开发高质量、充分研究且可靠的历史资料，提供给学校、大学、图书馆、历史学会和大众。我们的目标是让历史以数字化的形式存在，得到广泛使用，兼具吸引力和实用性。[①]

5

弗吉尼亚数字史学中心是最早探索信息技术的"超文本力量"（hypertextutal power）以及互联网如何影响历史研究的中心之一。[②]

---

① 弗吉利亚数字史学中心 1999 年 4 月 28 日的网站截图，参见 https://web.archive.org/web/19990428142149/；网站主页参见 http://www.vcdh.virginia.edu/。

② Daniel J. Cohen et al., "Interchange: The promise of digital history", *The Journal of American History* 95 (2), 2008, pp. 452-491.

另一个开创性的中心是罗伊·罗森茨威格历史与新媒体中心（Roy Rosenzweig Center for History and New Media，简称 RRCHNM），成立于 1994 年，旨在支持数字史学学家、课堂和大众使用在线历史资料。罗森茨威格为数字史学提供了最著名的定义：

> 数字史学是一种利用计算机和万维网等新通信技术来研究和展现过去的方法。它利用数字领域的基本功能，如数据库、超文本化和网络，创建和共享历史知识。①

斯蒂芬·罗伯森（Stephen Robertson）指出，罗伊·罗森茨威格历史与新媒体中心使用数字技术和媒体的使命是"以民主的方式展现过去——融合多方面的声音，抵达不同的受众，鼓励大众参与到呈现和保存历史的队伍中"②。

罗森茨威格的计划影响了后人对数字史学的定义。2009 年，道格拉斯·塞费尔特（Douglas Seefeldt）和威廉·G. 托马斯（William G. Thomas）写道：

> 一方面，数字史学是一个开放的学术生产和交流平台，

① 关于罗森茨威格的定义，参见山姆休斯顿州立大学图书馆（SHSU Library）的数字史学词条：https://shsulibraryguides.org/digitalhistory。

② Stephen Robertson, "The differences between digital humanities and digital history", in Lauren F. Klein and Matthew K. Gold (eds.), *Debates in the Digital Humanities*, Minneapolis, MN: University of Minnesota Press, 2016.

能够开发新课程资料和收集学术数据。另一方面，数字史学是一种方法论，由数字领域的超文本技术构成，目的是制作、定义、查询和标注人类历史记录中的关联。①

美国的数字史学和公共史学密切相关，两者都使用新媒体技术来扩大受众，并促进口述史和民俗学的研究。借用丹尼尔·J. 科恩（Daniel J. Cohen）和罗森茨威格 2006 年著作的书名，"收集、保存和呈现过去"，是各国研究者和教育者努力扩展历史研究实践的一项跨国性事业。

数字史学还有其他定义。21 世纪，数字人文（digital humanities）成为人文学科使用信息技术作为研究方法的总称。如果说 20 世纪 90 年代提出的"数字史学"一词强调学科的性质是一个开放的探索和传播平台，那么数字人文的突破是将关注点转移到早期人文研究者运用计算机处理数据的方法上，如英文中的"人文计算"（humanities computing），或是德文中的历史信息处理（Informationsverarbeitung）。

第二次世界大战后，在人文研究中使用计算机的想法开始出现。意大利耶稣会神父罗伯托·布萨（Roberto Busa）发起了一个项目，目的是为圣托马斯·阿奎那（St Thomas Aquinas）的作品建立可检索的数据库。布萨成功说服了 IBM 支持这个计划，该计划始于

---

① Douglas Seefeldt and William G. Thomas, "What is digital history?", in *Perspectives on History: The newsmagazine of the American Historical Association,* 1 May 2009. https://www.historians.org/publications-and-directories/perspectives-on-history/may-2009/what-is-digital-history.

1949 年，一直持续到 20 世纪 70 年代。① 另一个"人文计算"的早期案例是 20 世纪 60 年代至 70 年代的计量史学。计量史学最初是使用计算机并借助海量数据，让经济史研究变得更先进的尝试。② 布萨和计量史学的这两个例子，几乎已经成为计算机辅助历史研究的开拓性典范，然而两者的多重来源往往被遗忘，或者由于语言障碍而被忽视。

　　早期数字史学的不同研究路径仍有待书写。例如，历史学家佩特里·帕朱（Petri Paju）指出，在 1966 年的瑞典，卡尔·戈兰·安德拉（Carl Göran Andræ）就论述过计算机对历史学家的用处。芬兰的维尔乔·拉西拉（Viljo Rasila）在其 1968 年关于芬兰内战的专著中，使用了基于计算机的历史分析方法。1971 年，爱沙尼亚的尤汉·科克（Juhan Kahk）和恩·塔维尔（Enn Tarvel）讨论了用计算机分析历史的可能性。③ 这些例子表明，早在 20 世纪 60 年代，计算机就越来越多地应用于历史研究中，然而只有少数的成果受到了国际关注。

　　21 世纪，继续开展"人文计算"的开拓性工作至关重要。数字化的信息数量不断增加。研究者必须收集、组织和管理大量数据，

---

　　① Steven E. Jones, *Roberto Busa, S. J., and the Emergence of Humanities Computing: The Priest and the Punched Cards*, New York: Routledge, 2016.

　　② Jane Winters, "Digital History", in Marek Tamm and Peter Burke (eds.), *Debating New Approaches to History*, Kindle edition, New York: Bloomsbury Academic, 2018.

　　③ Petri Paju, "International collaboration and Finland in the early years of computer-assisted history research: Combining influences from Nordic and Soviet Baltic historians", in *Proceedings of the 4th Digital Humanities in the Nordic Countries, Copenhagen*, 6-8 March 2019, pp. 349-357. (http://ceur-ws.org/Vol-2364/31_paper.pdf)

开发新的数据分析方法并得出结论，使用数字工具和平台来展示成果。研究者可以生产数据并保留相关的语料库，供将来的学者继续使用；还可以探寻现存资料的起源及能够从中了解的信息。

21世纪数字人文的突破也改变了数字史学的面貌。梅丽莎·M. 特拉斯（Melissa M. Terras）曾将数字人文描述为"数字技术和人文学科的交叉点"，旨在"生产和使用应用程序及计算模型，让人文学科和计算机科学（及其相关技术）的新型教学和研究方式成为可能"。特拉斯指出，在过去的十到十五年里，这个跨学科的研究领域取得了巨大的发展。①

数字史学也位于各个学科的交叉点。数字史学强调对过去的研究和关注历史问题，比数字人文更具学科属性，后者汇集了多种研究领域和研究范式（paradigms）。数字史学起源于历史学家与互联网、数字工具和信息技术的持续互动。数字史学也是数字人文开发的以计算机为基础的资料库，可以更好地解答历史问题。如今，数字史学的定义可以重新表述为：数字史学是一种考察和呈现过去的方法，它利用新的传播技术和媒体应用，并尝试用以计算机为基础的研究方法来分析、生产和传播历史知识。

当前，数字史学是一个充满活力的历史研究领域，汇集了各种研究方法、研究项目、出版物、服务和资源。数字史学还与更广泛、更普遍的问题相联系，这些问题与任何学术领域都有关，包括

---

① Melissa Terras, "Quantifying digital humanities", UCL Centrefor Digital Humanities, 2011. (https://www.ucl.ac.uk/infostudies/melissa-terras/DigitalHumanitiesInforgraphic.pdf)

研究的质量、批评性评估以及与开放获取相关的问题。本书的五个　　8
章节重点关注当下数字史学的五个领域。第一章"数字化的过去：
资料与问题"着重于历史的数字化，将会讨论若干数字化历史项
目，以及历史的数字化如何影响我们构想过去的方式。原生数字化
的历史（born-digital history），指的是当下时代的历史主要存在于数
字领域的本体论问题，这是第一章要讨论的话题。第二章"数字史
学中的阅读和文本性"，涉及历史文本和文本的性质，这对历史学
家和历史书写来说一直很重要。这一章凸显阅读方式的重要性，有
两个原因：一方面，文本细读和解释文本一直是历史学科的核心内
容；另一方面，恰恰是文本的"细读"，受到了远距离阅读（distant
reading）的挑战，后者从 2000 年代开始影响数字人文。第三章"图
绘和检视历史"，不再只是关注文本，而是强调数字史学中的视觉呈
现。20 世纪 90 年代，地图与空间呈现技术在数字史学领域的应用
具有开创性的意义。这些先进技术利用地理空间数据和制图应用程
序，证明了其持续的重要性。第三章还探讨了数字史学学家频繁使
用视觉资料和视听材料的方法。

　　前三章表明，数字史学学家与人文学科的各个领域都有合作关
系。他们必须与文学研究、艺术史、媒体研究，尤其是计算机科学
和信息技术等领域的学者合作。因此，第四章"跨学科性：数字史
学的研究挑战"探讨了新出现的问题，并提出了不同学科间的共享
与合作建议。最后一章"在数字时代呈现过去"，回到了数字史学
学家长久以来的兴趣，即面向学校和大众，探索使用数字工具展示
研究成果和历史解释的可能性。

第一章

数字化的过去：资料与问题

数字史学的诞生前提也就是出发点，是越来越多关于过去的信息以数字化形式出现。当机器可读格式（machine-readable）的数据不断增加时，历史问题就可以用算法工具（algorithmic tools）来分析，并在计算机的帮助下呈现研究成果。历史学家对海量信息的兴趣，绝非新鲜事。这类经典著作就有费尔南·布罗代尔的《地中海与菲利普二世时代的地中海世界》和《十五至十八世纪的物质文明、经济和资本主义》，布罗代尔想呈现尽可能多的历史信息。[①] 同样，历史学家利用从档案、目录和登记册收集到的统计数据，通过笔算

---

① Fernand Braudel, *La Méditerranée et le Monde Méditerranéen a l' époque de Philippe II,* 3 vols, Paris: Armand Colin, 1949; Fernand Braudel, *The Mediterranean and the Mediterranean World in the Age of Philip II,* 2 vols, translated by Siân Reynolds, Berkeley, CA: University of California Press, 1995; Fernand Braudel, *Civilisation matérielle, économie et capitalisme, XVe-XVIIIe siècle,* Paris: Armand Colin, 1967-1979; Fernand Braudel, *Civilization and Capitalism, 15th-18th Century,* 3 vols, translated by Siân Reynolds, Berkeley, CA: University of California Press, 1992. 关于长时段的历史研究方法，参见 Jo Guldi and David Armitage, *The History Manifesto*, Cambridge: Cambridge University Press, 2014, pp. 14-37。

或者其他技术工具来组织数据，20 世纪 60 年代后开始使用计算机。20 世纪 60 年代和 70 年代，历史学家认为，在经济史、社会史和人口史等不得不处理大量数字的研究领域，计算机可以作为助手。[①] 值得注意的是，这些历史研究领域是利用计算机并研究如何借助计算机获得新知识的开创领域，而且一直如此。当然，事情已经有了些变化，如今，出现了许多关于人类历史的各类数字化原始资料，因此也有了更多使用数字方法探索过去的新途径。

19 世纪，德国历史学家德罗伊森（J. G. Droysen）提出过一个著名的观点，他认为历史是**痕迹**（Überreste）和**传统**（Tradition），前者是指过去的遗迹，后者是指随着时间推移而产生的知识传承。过去通过遗存物活到现在，"发源于我们试图理解的逝去时代"[②]，过去也是记忆和故事。德罗伊森的两种认识论有助于我们探索过去。遗存物或遗迹是过去的物质实体，仍然存在于生活的方方面面，所有的历史研究都必须考虑它们。然而，其中一些**痕迹**从本质上来说，存在时间更为长久，而另一些会逐渐消失。过去的许多物品都是为了持久留存而被制造出来的，这样过去就不会被遗忘。我们或许可以说，**传统**也是如此，它是过去人们故事和经历的纽带，连接着过去和现在，但是总有一些传统的碎片在抵达当下之前就被打断

---

① Winters, "Digital history"; Paju, "International collaboration and Finland in the early years of computer-assisted history research"; Pat Hudson and Mina Ishizu, *History by Numbers: An Introduction to Quantitative Approaches,* London: Bloomsbury Academic, 2016.

② Ethan Kleinberg, *Haunting History: For a Deconstructive Approach to the Past*, Stanford, CA: Stanford University Press, 2017.

或结束了，永远不会到达我们身边。同时，过去和现在有着令人困扰的双重性质，有时能延续，有时会断裂。因为我们生活在数字时代，所以如今我们更意识到历史遗留物（historical existence）的脆弱性。我们生产的数据似乎是非物质的，原因是它以不断加快的速度通过无线连接和云服务（cloud services）传播，但是数据也是**痕迹**，即物质遗存。① 过去的纸质信件如今存在于收件箱和邮件文件夹中。当我在写这一章时，我的电子邮箱中有超过 34,000 封邮件。我们在生活和工作时创造越来越多的数据，并且会删除这些我们存在过的痕迹，这或许会成为未来历史学家的原始资料。

　　如果我们思考数字形式的过去，就必须先区分数字化的（digitized）数据和原生数字化的（born-digital）数据。原生数字化数据的初始形态就是数字形式，只是二进制的信息（0 和 1）。举例来看，二进制的信息包括文字处理文件、数码照片、社交媒体信息、聊天论坛内容、地理位置信息、电子邮件、音像制品（如电影、视频和音乐作品）等，以及 20 世纪 90 年代以来其他种类丰富的人工制品。以上产品是**数字化**（digitalization）作为一种技术运用和社会现象的结果。数字技术逐渐开始替代模拟技术（analogue）。音乐从黑胶唱片到 CD 和 MP3 文件的转变，后来又到在线流媒体服务，改变了音乐作为文化创意的性质。视觉文化也是如此，20 世纪 80 年代和 90 年代数码相机的推出标志着一个转变，照片不再通过胶卷冲

11

---

① 更多地表现为数字废品，参见 Jussi Parikka, "Introduction: The materiality of media and water", in Jussi Parikka (ed.), *Medianatures: The Materiality of Information Technology and Electronic Waste,* Ann Arbor, MI: Open Humanities Press, 2011.

洗，而是直接保存在相机的储存卡中。

数字化信息（digitization）可以看成数字化的一部分。信息数字化是正在进行的项目，它将信息从实物转化成数字形式，从而产生可用于分析和呈现过去的原始资料。数字化信息包括扫描精装书、手稿、地图、报纸、照片或绘制的图像。有趣的是，在原生数字化数据大量涌现的同时，人们也担忧它的脆弱性，而信息数字化是一个保存过去记忆和为未来保护记忆类似物的过程。这个过程为研究者提供了使用新方法研究人类过去的可能，并可以在分析过去时结合数字化和原生数字化的数据。然而，本章有必要指出，信息数字化的比重因来源类型、时间和地点而异。据统计，2007 年，美国国家档案和记录管理局（National Archives and Records Administration）存有 90 亿条文字记录，每年的扫描量是 50 万条。[①]虽然信息数字化的速度很快，但是完全扫描仍然需要数千年的时间。虽然信息数字化作为一个包罗万象的计划，仍将是不完整的，但是数据数量的迅速增加，为历史研究提供了更多新可能。

文化遗产的信息数字化

数字化内容的真正扩展始于 20 世纪 90 年代之后世界范围内启动的众多数字化项目。这些项目的主要目的是利用新技术向更多的观众传播文化遗产。互联网取得突破之时，人们不断讨论和关注新

12

---

① Katherine Pennavaria, *Genealogy: A Practical Guide for Librarians*, Lanham, MD: Rowman & Littlefield, 2015, p. 89.

信息流形式会如何影响社区。文化遗产的数字化是对这一问题的回答，目的是强调开放获取，让更多人熟悉文化资本。梅丽莎·特拉斯指出，"信息、文化和遗产部门很快就接受了数字化技术，主要提供电子格式的收藏品，方便人们获取"①。图书馆在这些开创性的项目中特别活跃，其他文化记忆组织也逐渐参与进来，而公共和私人资金也越来越多地用于实物的大规模数字化。档案馆、图书馆和画廊自 20 世纪 70 年代起就对其目录和元数据的数字化感兴趣，而将实物转化为比特流（bit flows）的想法逐渐受到重视。1984 年，美国国家档案和记录管理局启动了"光学数字图像存储系统项目"（Optical Digital Image Storage System），产生了 22 万份档案文件的数字副本。事实证明，这不仅对搜索信息非常有用，而且还能减少接触原始历史文献。从文化遗产的可持续性来看，这很重要。②

　　另一个开创性的，而且也更有影响力的项目是美国国会图书馆在 1990 年启动的"美国记忆项目"（American Memory Project）。项目的初衷是数字化电影、录像、录音、书籍和照片。最初，人们计划通过激光影碟和光盘传播文化产品，但是后来万维网的发明取代了这些传播技术。永久保存的问题从一开始就很重要：如何确保数字文化遗产能够传承给后代？信息数字化同时具有两种功能：数字拷贝可以很容易地传播，因此可以代替原件，起到保护实物的作用；此外，数字拷贝可以理解为原件的备份，从而延长文化遗产的

---

①　Melissa M. Terras, "The rise of digitization: An overview", in Ruth Rikowski (ed.), *Digitisation Perspectives*, Rotterdam: Sense Publishers, 2011, p. 11.

②　Melissa M. Terras, "The rise of digitization: An overview", p. 4.

寿命。数字拷贝也是文化遗产寻找新用户和消费者的重要工具。家用电脑已经很普遍，而信息技术很有可能走进更多家庭。文化遗产现在可以流向那些从未访问过档案馆、图书馆或博物馆的人。1992 年和 1993 年，美国的 44 个教育机构和图书馆评估了美国记忆项目，并评价了它的数字化内容和传播形式。得到热烈响应后，该项目决定继续提供"免费和开放的互联网权限，供使用者浏览关于美国的书面和口头语言、录音、静态和动态图像、印刷品、地图和乐谱"[①]。1994 年，美国国会图书馆启动了国家数字图书馆计划（National Digital Library Program），目标是在 2001 年底前完成对 90 多个馆藏的 500 万件物品的数字化。[②]

在上述项目运行的同时，西印度群岛综合档案馆（El Archivo General de Indias）也在开展始于 1986 年的数字化工作，以纪念发现美洲 500 周年。该项目受西班牙文化部、西班牙 IBM 公司和拉蒙·阿雷塞斯基金会（Ramon Areces Foundation）帮助，接收公共资助和私人出资。该项目一开始就仔细分析了数字化文献的可能用途，以及这项工作的技术前提。15 世纪到 19 世纪的原始材料有许多遗留问题。一些文献的墨水褪色，一些文献的纸张几乎是透明的，难以阅读。人们在数字化任何文献之前，都必须考虑这些问题。对数字化和使用数字化资料的技术和条件变化进行预测，有一定困难。举例来看，考虑到复制手稿的质量，我们选择了 16 位灰度和

① Janice Krueger, *Cases on Electronic Records and Resource Management Implementation in Diverse Environments*, Hershey, PA: Information Science Reference, 2014, p. 108.

② Melissa M. Terras, "The rise of digitization: An overview", p. 11.

100dpi（每英寸点数）作为手稿数字化的参数。[①] 显然，今天的参数会有所不同，原因是存储空间的容量、处理器的运算能力和信息连接的速度都成倍增加了。1992 年，该项目已经产生了 900 万的数字化页面，可以在档案馆的 60 台工作站上使用。那时，人们还没有考虑到通过互联网传播文献。然而，这种情况在 2000 年发生了变化，当时西班牙文化部启动了"西班牙档案馆网站"（Archivos Espanoles en Red），目的是让包括西印度群岛综合档案馆在内的西班牙档案能够在线使用。2017 年，经过几十年的数字化努力，该网站只整理出 30% 的文献，其中 20% 的文献完成数字化，可想而知原始纸质文献的数量之多。[②] 这一事实也揭示了数字化原始文献的局限性。数字化的文献成倍增长，表面上看起来很多。然而，世界各地的档案馆要么是因缺乏人力，要么是原始文献太过脆弱或不受重视，仍然保存着大量的手稿和其他尚未实现数字化的文献。

　　IBM 是西印度群岛综合档案馆数字化的一个积极利益相关者。显然，IBM 不仅对做一个跨国技术公司感兴趣，而且希望因维护文化遗产而闻名。的确，现代化总是伴随着发掘历史的激情。20 世纪 40 年代末以来，IBM 与罗伯托·布萨的圣托马斯项目合作。20 世纪 90 年代，IBM 的一个大动作是参与梵蒂冈图书馆的数字化项目。

14

---

　　① Antonio Sánchez de Mora, *Digitized Documents in the Archivo General de Indias: Technical Advantage to Preserve a Historical Legacy*, 2017. (https://coop.hypothese.org/files/2017/11/ENG-Digitize-documents-in-the-Archivo-General-de-Indias.pdf) 也可参见 Melissa M. Terras, "The rise of digitization: An overview", pp. 4-5.

　　② Antonio Sánchez de Mora, *Digitized Documents in the Archivo General de Indias: Technical Advantage to Preserve a Historical Legacy*.

1995 年梵蒂冈图书馆宣布与 IBM 的协议后，馆长伦纳德·博伊尔（Leonard Boyle）对《纽约时报》的编辑说："精彩的书籍只有被阅读才能彰显价值。"根据博伊尔的说法，IBM 数字图书馆将"数字化梵蒂冈图书馆的手稿和文献，扩大梵蒂冈图书馆的影响力"①。梵蒂冈图书馆也是最早开放其目录 OPAC 供互联网使用的图书馆之一。如今，梵蒂冈图书馆以数字梵蒂冈图书馆（DigiVatLib）的名义维护手稿和档案，以及包括铸币和纪念章图片、印刷材料在内的数字收藏。该收藏涵盖了 761 本 1501 年前印刷的**古版书**（incunabula）和 17,317 份手稿。② 在过去的几年里，此数字化项目一直很活跃，并与牛津大学博德莱恩图书馆（Bodleian Libraries）合作。它们的目标是数字化150 万页的希腊语和希伯来语原始资料以及早期的印刷书籍，并发布到网上。③ 如今，新数字化技术允许不翻开图书就进行扫描，加大了扫描稀有文献的可能性。当原始资料非常脆弱，打开后会造成相当大的损害时，这种技术就相当有意义。④

15

---

① Steve Lohr, "I. B. M. to help Vatican open its archives to the computing masses", *The New York Times*, 28 March 1995, p. 3.

② 更多详细信息，参见 DigiVatlib, https://digi.vatlib.it。

③ Brian Dodson, "Vatican Library is digitizing 1.5 million pages of ancient manuscripts", *New Atlas*, 23 April 2012. (https://newatlas.com/vatican-digitzing-ancient=manuscripts/22257/)

④ 2016 年，麻省理工学院团队公布了一个基于太赫兹波（terahertz waves）的解决方案，参见 Larry Hardesty, "Judging a book through its cover: New computational imaging method identifies letters printed on first nine pages of a stack of paper", *MIT News*, 9 September 2016。(http://news.mit.edu/2016/computational-imaging-method-reads-closed-books-0909) 也 可 参 见 Albert Redo-Sanchez, Barmak Heshmat, Alireza Aghasi, Salman Naqvi, Mingjie Zhang, Justin Romberg and RameshRaskar, "Terahertz time-gated spectral imaging for content extraction through layered structures", *Nature Communications*, 9 September 2016。(https://www.nature.com/articles/ncomms12665.pdf)

2002 年，谷歌开始私下运行最雄心勃勃，或许也是最有争议的数字化项目"谷歌图书"（Google Books）。谷歌联系了几家大学图书馆，询问是否有可能数字化图书馆的全部藏书，谷歌会向图书馆免费提供数字化后的版本。当时这个项目称为"谷歌印刷图书馆项目"（Google Print Library Project），并与加利福尼亚大学、密歇根大学、得克萨斯大学奥斯汀分校和弗吉尼亚大学等图书馆达成协议。① 该项目 2004 年宣布的最终目标不亚于"将有史以来出版的每一本书数字化并实现文本搜索"②。2010 年，谷歌估计世界上有 1.29 亿本书。截至当年，谷歌扫描了 1200 万本，还不到总数的 10%。谷歌为了强调数字化项目涉猎全球，指出扫描的书籍以大约 480 种语言书写，还包括三本《星际迷航》首创的克林贡语图书。③ 据报道，到 2015 年，谷歌已经数字化了 2500 万本书，这意味着经数字化的纸质文化遗产数量在五年内翻了一番。自项目开始以来，扫描效率也有所提高。2002 年项目初期，一本 300 页的图书完成数字化需要 40 分钟。2015 年，一位扫描仪操作员可以在一小时内完成 20本 300 页的书或 6000 页图书页面的数字化。④ 谷歌图书也招来了许

---

① Marinus Swanepoel, *Digitization Initiatives: A Reconnaissance of the Global Landscape*, 2008. (https://opus.uleth.ca/bitstream/handle/10133/2553/Digitization_initiatives.pdf) 也可参见 Sara Gilbert, *The Story of Google*, Mankato, MN: Creative Education, 2009。

② Adam Sutherland, *The Story of Google*, New York: The Rosen Publishing Group, 2012, p. 33.

③ Joab Jackson, "Google: 129 million different books have been published", *PCWorld*, 6 August 2010. (https://www.pcworld.com/article/202803/google_129_million_different_books_have_been_published.html)

④ Stephen Heyman, "Google Books: A complex and controversial experiment", *The New York Times*, 28 October 2015. (https://www.nytimes.com/2015/10/29/arts/international/google-books-a-complex-and-controversial-experiment.html)

多法律问题和争议。这个雄心勃勃的项目从一开始就威胁到图书的版权持有人，双方不得不在法庭上达成一系列调解。如今，出版商可以成为谷歌图书的合作伙伴，而且谷歌图书网站会鼓励使用者购买可供出售的书籍。

谷歌图书是一个全球性的项目，扫描图书涵盖可观的语种。此外，还有许多规模较小且启动时间更早的数字化藏书，本章无法一一陈述。"古腾堡计划"（Project Gutenberg）始于 1971 年，现有近 60,000 本公版书为主的书籍。重要的是，这些书不仅经过扫描和光学识别，而且所有书都经过了人工校对。古腾堡计划的初衷是提供 TXT、HTML、EPUB 和 PDF 等格式的免费电子书。同时，该项目为研究者提供经典参考书目。① 古腾堡计划启发了一些追随者，如斯堪的纳维亚的"鲁内贝格计划"（Project Runeberg），该计划始于 1992 年，网络上线了北欧文化和北欧历史的公版书。② 其他数字图书馆还有全球数字图书馆（Universal Digital Library），拥有 150 万部电子书。全球数字图书馆由中国的浙江大学和印度的印度科学研究所牵头，合作伙伴还有另外七所中国大学和八所印度大学。③ 全球数字图书馆涵盖了从 16 世纪至今的文本，囊括阿拉伯语、孟加拉语、汉语、英语、印地语、梵语和乌尔都语。④

其他数字化项目也期待国际合作。20 世纪 70 年代以来，联合国

① 参见古腾堡计划主页：https://www.gutenberg.org/。
② 更多详细信息，参见鲁内贝格计划主页：http://runebery.org/。
③ Marinus Swanepoel, *Digitization Initiatives: A Reconnaissance of the Global Landscape*.
④ 馆藏的更多内容，参见 http://ulib.isri.cmu.edu/ULIBOurCollections.htm。

教科文组织一直有意识地以保护文化遗产为目标，强调文化的更广泛定义。那时，数字技术显然能为保护文化提供新方法。1992 年，联合国教科文组织启动了名为"世界记忆"（Memory of the World）的计划，该计划是一项全球性的事业，汇集了来自世界各个地区和国家的项目。"世界记忆"的出发点是关注战争、社会动荡和资源匮乏如何影响了文化传承。联合国教科文组织主办的世界记忆国际登记册（Memory of the World International Register）包含来自世界各大洲的收藏——从安哥拉到马达加斯加，从柬埔寨到瓦努阿图。20 世纪 90 年代初编写的初版指南强调缩微胶片保存档案的重要性，但是很快人们发现数字技术为保护文献遗产提供了解决方案。联合国教科文组织世界记忆计划的愿景是"世界文献遗产属于所有人，应该得到充分的保存和保护，并在承认文化习俗和文化实践的情况下，让所有人都能毫无障碍地永久使用"①。

　　谷歌图书和古腾堡计划的数字化项目重点在于文本，但是关注视觉、音频和视听材料也同样重要。毫无疑问，在 19 世纪和 20 世纪，文字一直主导着我们如何理解过去，接近、探索和展示过去。然而，如果我们忽视在整个历史上极为重要的视觉文化，那将是有问题的。美国记忆等诸如此类的项目，实质上囊括了各种类型的材料，而且强调各种文化艺术品的重要性。"欧罗巴项目"（Europeana）也是如此，它启动于 2008 年，提供地图、音乐、艺术品、照片、手

17

---

　　① UNESCO, *Unesco Memory of the World Programme, General Guidelines, Approved Text December 2017*, 2017. (https://en.unesco.org/sites/default/files/mow_draft_guidelines_approved_1217.pdf)

稿和报纸等材料。[①]2017 年，欧罗巴项目拥有"5300 万件数字藏品，5 个主题收藏，30 个展览和数十个画廊"。[②]如今，网络上出现越来越多的视觉作品。这离不开画廊、图书馆、私人基金会等组织的贡献。

数字化过去的发展不平衡问题

早期的数字化项目大都建立在公共和私人合作的基础上。IBM 并不是唯一期望与图书馆和档案馆一起启动旗舰项目的大公司。柯达（Kodak）和施乐（Xerox）等跨国公司也积极参与了开创性的工作。[③]千禧年后，随着数字化项目对研究的意义日益明显，人们对数字市场的兴趣渐增，数字市场的竞争也日渐激烈。过去的 20 年里，人们已经能阅读数字化的报纸。许多项目都是以公共事业为目的启动的，国家图书馆旨在为研究人员和历史爱好者提供馆藏。巴西国家图书馆和墨西哥国家图书馆的馆藏就是开放资料库的例子。[④]数字化的报纸本身就代表了一类大数据，它直接改变了学者研究 18、19 世纪的方式。

然而，全球范围内数字化过去的项目存在很多发展不平衡问题。首先，各个数字化项目的进展有快有慢，这意味着如果研究跨

18

---

① 更多内容参见 Europeana Portal。（https://www.europeana.eu/portal/en）

② "Our Mission", Europeana.（https://pro.europeana.eu/our-mission/history）

③ Melissa M. Terras, "The rise of digitization: An overview", pp. 6-8.

④ 参见澳大利亚馆藏 https://trove.nla.gov.au/newspaper/，巴西数字馆藏（Brazilian Hemeroteca Digital）http://bndigital.bn.gov.br/。

国问题，各国的研究基础都不相同。其次，数字化项目受各种限制。一些数字化成果同时受公共资助和个人赞助，因此不一定所有的资源都免费，版权问题也限制了当下资源的开放程度。一般来说，18 和 19 世纪的资料比 20 世纪的资料更具开放性，主要是因为版权问题。在全球范围内，各大洲都有数字化的报纸档案，但是地区差异明显。[①] 问题是私人公司会开发部分地区的档案，向世界各地的大学出售各种数据库。举例来看，新闻全文库（NewsBank）公司旗下的德克斯（Readex）公司拥有两个独立的拉丁美洲报纸集，包括智利、古巴、海地和巴拿马等国家的文献。它还拥有一个非洲报纸的数据库，覆盖阿尔及利亚到纳米比亚，以及尼日利亚到乌干达的范围。提供有偿数字化服务的另一个代表是盖尔圣智公司（Gale Cencage）。它拥有大量的原始资料收藏，包括《泰晤士报》《金融时报》和《伦敦新闻画报》（Illustrated London News）的过刊。盖尔公司还拥有与大英图书馆合作的数字化英国报纸。第三大数字化生产商是 ProQuest，它拥有《华盛顿邮报》和《纽约时报》在内的多种报纸过刊。[②]

　　以上数字资源都是极有价值的研究工具，这是不言而喻的，但是同时它们也需要付费。如果一个研究人员所在的大学不能获得商业数据库的访问权限，那么将很难获取更多的全球数字资源。没有

[①]　参见历史报纸档案的维基百科列表 https://en.wikipedia.org/wiki/Wikipedia:List_of_online_newspaper_archives。

[②]　Thomas Mann, *The Oxford Guide to Library Research*, 4th edn, Oxford: Oxford University Press, 2015, p. 306.

访问权限的人可以去查阅纸质期刊，或者去最近的有访问权限的图书馆，但是这也造成新的研究资源不平等问题。对如今的数字史学来说至关重要的是：谁能享有足够有利的数字资源环境？学术基础设施在多大程度上有利于研究？数字化资源的成本是多少，最终由谁支付？数字化能帮助人们获取过去因地理位置受限而无法造访的图书馆和档案馆材料，但是数字化过程中会有发展不平衡问题，进而影响研究者的科研条件。

毋庸置疑的是，本章提到的所有资料库都是优秀资源，如今它们几乎是不可或缺的，但是它们也引导着研究方式，并间接地引导着提出何种历史问题和建立何种研究环境。目前还不清楚数字化如何影响人们对过去的研究，如何改变研究方法，如何在更广泛的层面上影响历史观点和历史视野。举例来看，19 世纪和维多利亚时期的研究不仅在历史学科而且在文学研究中，都是当下热门的研究领域。这在一定程度上与相关的丰富数字资源有关。因此，数字史学学家应该始终意识到自身研究材料的局限性，并且思考研究材料会如何影响历史分析和历史呈现。

原生数字化时代

目前为止，本章讨论了数字化项目如何对过去进行数字化，当然，我们也生活在原生数字内容的时代。数字文化时代是一个日趋重要的历史时代。在这个时期，大量资料完全是数字格式的，这区别于数字文化时代之前的时期。我们中的一些人可能还记得最早的计算机，即 20 世纪 60 年代和 70 年代的大型主机计算器，当然还有 80 年代进入私人生活的微型计算机。尽管这是一个自身具有特殊历史意义的时期，并且挑战了既有的研究方式，但是我们倾向于将这些发展描述为"当代文化"。在过去的几十年里，并不是任何东西都是数字化的，但是公共讨论、社交媒体、广播电视和私人信件无论是有实体"原件"（originals），还是保存有实体副本，都逐渐趋向纯数字化。原生数字化时代越长，它对历史学家的研究就越重要。

20

尼尔斯·布鲁格（Niels Brügger）和迪特·劳森（Ditte Laursen）近期指出，长期以来，数字人文并没有重视原生数字化内容。数字人文的研究重点"主要集中在一种特定的数字化资料上：这种资料最初未数字化（包括手稿、书面文件、画作、书籍、报纸，少数情况下还有广播和电视），后来以各种方式实现数字化，如输入电脑中，或转移到打孔卡上，也包括扫描或翻录成数字音像"①。最终，因为数字性对于过去几十年的历史来说简直太重要了，所以这种情况必须改变。

让我们探讨一下作为历史学家研究对象的原生数字化时代的本体论和认识论前提。我使用"本体论"指对过去的实体、存在形式、认知和理念的研究，包含内隐的（implicit）和外显的（explicit）双重性质。举例来看，由互联网联系在一起的地球村与 20 世纪 60 年代和 70 年代由广播联系在一起的世界之间有着本体论上的差异，这种差

① Niels Brügger and Ditte Laursen, "Introduction: Digital humanities, the web, and national web domains", in Niels Brügger and Ditte Laursen (eds.), *The Historical Web and Digital Humanities: The Case of National Web Domains*, Abingdon, Oxon: Routledge, 2019, pp. 1-9.

异影响着历史进程的性质，也影响着研究方法。我使用"认识论"一词，指在历史研究中，就像在任何学术研究中一样，人们必须关注知识的性质和认识的条件。具体到原生数字化内容，这体现在多个方面，比如说：有哪些史料？研究者应该如何阐释？有哪些阐释方法？显然，虽然本体论和认识论是紧密联系的，研究中无法明确分开对待，但是两者的不同维度有助于勾勒原生数字化历史的概念和特殊性。①

　　先前的不少研究从本体论角度讨论了数字文化的出现。查理·吉尔 2002 年出版的《数字文化》（*Digital Culture*）一书，探讨了 19 世纪末和 20 世纪初的技术发展，诸如查尔斯·巴贝奇（Charles Babbage）19 世纪 70 年代发明的分析引擎，以及康拉德·祖泽（Konard Zuse）20 世纪 30 年代发明的计算机器。② 劳伦·拉比诺维茨（Lauren Rabinovitz）和亚伯拉罕·盖尔（Abraham Geil）在 2004 年合著的《记忆的字节：历史、技术和数字文化》（*Memory Bytes: History, Technology, and Digital Culture*）中，阐释了数字文化的多种定义。数字文化最简明的定义是"一个充斥着电子通信、信息网络和电子产品的社会，它建立在通过电子或电磁信号计算二进制数据的体系之上"。数字文化即使不是过去十年的标志，至少也是当代的产物，经常被描述为"数字技术的突出特征，包含数字技术的速度、可互换性、可变性等等"，而数字文化的最宽泛定义是"当代精神特质的

---

① 关于历史本体论和认识论，参见 Ian Hacking, *Historical Ontology*, Cambridge, MA: Harvard University Press, 2002, pp. 1-9。

② Charlie Gere, *Digital Culture*, pp. 17-38.

一个隐喻"。① 数字文化这个术语是当下现代世界的缩影，信息和借助新型电子设备的密集信息是当下的特征。同时，不少研究试图从历史的角度看待数字性，并且不认为数字文化是改变历史进程的关键原因，而是更长时段下历史发展的结果。

原生数字文化则是另一个问题。"原生数字化"（born digital）产品指一开始就是数字形式的文化产品。提出这个概念是为了强调原生数字化产品与拟数字化产品（analogue products）的区别，后者通常指的是人工制品，比如保存或刻录在特定物质实体上的录音。数字录音的存储方式是二进制的数字。除此之外，原生数字化产品不仅区别于拟数字化产品，也区别于最初是拟数字化但后来被转换为数字形式的产品。在这个意义上，"原生数字化"强调了数字性的原生性："原生数字化"代表了并非诞生于新旧交替时期的内容，而是完全诞生于新世界的产物。因此，"原生数字化"是本体论的角度；它属于一个完全不同的、新近出现的新世界，把过去的痕迹留在身后。谷歌图书词频浏览器（Google Ngram Viewer）显示，英文"原生数字化"在 20 世纪 90 年代初就进入了词汇表，但是到 21 世纪出现率才显著增加。②

德国媒体理论家西格弗里德·齐林斯基（Siegfried Zielinski）是 22

---

① Lauren Rabinovitz and Abraham Geil (eds.), *Memory Bytes: History, Technology, and Digital Culture*, Durham, NC: Duke University Press, 2004, p. 4.

② 使用谷歌图书词频浏览器搜索 "born digital" 的结果：https://books.google.com/ngrams/graph?content=born+digital&year_start=1900&year_end=2008&corpus=15&smoothing=3&share=&direct_url=t1%3B%2Cborn%20digital%3B%2Cc0。

原生数字文化的早期设想者之一，他在 1989 年出版了《视听媒介：作为插曲的电影和电视》一书，他认为电影和电视只是视听媒介发展史的中间阶段，未来的主打产品将是数字形式的，它们可以印在胶片上或转移到磁带中。[①] 有趣的是，这本书在十年后被翻译成英文，名为《视听媒介：作为中间阶段的电影和电视》，那时数字文化已经取得突破，互联网成为日常生活的一部分。[②]

从历史媒体的角度来看，原生数字文化的定义或许是数字摄影和视频、虚拟现实和数字游戏、可下载音乐和直播、社交媒体网站和博客、电子邮件和许多其他数字表达形式的时代。这些媒体产品是各种文化表达方式的载体，占据人类互动和生活方式的一大部分，以至于如果人们不使用上述资料，就很难研究 21 世纪的经济、文化和政治。对未来的历史学家来说，这将是对他们研究千禧年及其之后历史的一个重大挑战。书写 20 世纪 90 年代和 21 世纪历史的研究者必须使用数字资料，其中一些资料已经被保存和归档，但许多资料却被销毁或删除，或保存在难以直接阅读的媒介上。当然，当今的历史学家也必须提出一些关于当下本体论前提的概念，因为人们必须使用计算工具来管理可观的数字信息，这可能再次导致人们重新思考研究方法。

[①] Siegfried Zielinski, *Audiovisionen: Kino und Fernsehen als Zwischenspiele,* Reinbel: Rowohlts Enzyklopädie, 1989.

[②] Siegfried Zielinski, *Audiovisions: Cinema and Television as Entr'actes in History,* Amsterdam: Amsterdam University Press, 1999. 匈牙利语版本参见 *Audivíziók: A mozi és a televízió mint a történelem közjátékai,* 2009。

病毒性

让我们进一步阐述"原生数字化"的本体论——**病毒性**（virality）。自 20 世纪 90 年代以来，病毒性是公共话语和文化研究领域日益受到关注的问题。这个词起源于传染性生物系统研究中的微生物学和医学。病毒在宿主细胞中复制，并借助宿主逐渐传播疾病。字典中"像病毒一样的"（viral）是微生物层面的含义，指"由病毒引起"或"与病毒有关"的东西[①]，但是它也有更广泛的含义。在公共话语中，"像病毒一样的"意味着某些东西"像病毒"或"像病毒一样传播"。

2015 年收录于《牛津英语词典》的词条显示，"拥有病毒的特征"其实就是病毒性。[②] 一个典型的例子是 2012 年"隐形孩童"组织（Invisible Children）拍摄的《科尼 2012》（*Kony 2012*）视频，达到了前所未有的传播速度。视频上传后，一天内的浏览量高达 3400 万。六天内，这一数字上升到 1 亿。[③] 增长的速度是爆炸性的，但事实证明该视频的热度持续时间非常短暂。八年后的今天，该视频观看量是 1.02 亿，绝大多数人是在视频上传后第一周内观看的。[④]

病毒性是 21 世纪最初 10 年的产物，但是这个理念发端于互联

---

① 关于 viral 的定义，参见 *Oxford Living Dictionaries*: https://en.oxfordditctionaries.com/definition/viral。

② *Oxford Dictionary of English*, 3rd online edn, Oxford: Oxford University Press, 2015. DOI: 10.1093/acref/9780199571123.001.0001.

③ Crystal Fulton and Claire McGuinness, *Digital Detectives: Solving Information Dilemmas in an Online World*, Cambridge, MA: Chandos Publishing, 2016, p. 158.

④ Kony 2012 视频，参见 https://www.youtube.com/watch?v=Y4MnpzG5Sqc。

网引发的传播乱象，因此深深扎根于原生数字化时代的本体。道格拉斯·拉什科夫 1994 年出版的《媒体病毒！》（*Media Virus!*）首次将信息社会归为病毒般传播现象的开端。拉什科夫开篇就描述了"普通的美国家庭"，"拥有比十年前最先进的新闻演播室还要多的媒体技术"。这里有卫星天线、个人电脑、"连接家庭与七十多个可选节目的有线电视盒"，还有摄像机、复印机和传真机。家庭成了各种媒体互动的中心。① 拉什科夫认为，通信技术的发达几乎爆炸性地增加了媒体流量。因此，他断言，媒体病毒不单单是隐喻意义上的病毒。媒体事件"不是像病毒，它们就是病毒"②。在拉什科夫看来，数字病毒感染将会主导未来的媒体文化。

　　研究病毒性传播的开拓者之一是尤西·帕里卡（Jussi Parikka），他在 2007 年出版了《数字传染病：计算机病毒的媒体考古》。③ 拉什科夫将病毒描述为特洛伊木马：生物病毒利用蛋白质外壳"抓住一个健康的细胞，然后将自己的遗传密码、基本基因注入其中"。④ 帕里卡则分析了 20 世纪 90 年代以来的信息社会如何成为一个数字感染和知识流通的平台。这项研究预示着特洛伊木马、蠕虫病毒、病

24

---

① Douglas Rushkoff, *Media Virus! Hidden Agendas in Popular Culture*, New York: Ballantine Books, 1994, p. 3.

② Douglas Rushkoff, *Media Virus! Hidden Agendas in Popular Culture*, p. 9.

③ Jussi Parikka, *Digital Contagions: A Media Archaeology of Computer Viruses, Digital Formations*, Vol. 44, New York: Peter Lang, 2007.

④ Douglas Rushkoff, *Media Virus! Hidden Agendas in Popular Culture*, p. 9.

毒和恶意软件会让信息染病，所有通信网络代理必须自我调整。①

在拉什科夫之后，数字文化的病毒性概念不再局限于感染电脑或破坏电脑的恶意软件。在计算机网络中，电子邮件、图像或视频在内的所有内容，都可以被病毒感染，并快速传播。网络爆红内容（Internet meme）可以通过社交媒体传播至全球。最后，不仅电脑和移动设备是病毒的载体，控制病毒并进一步分享内容的人类也脱离不了干系。一些计算机算法可以加速病毒感染，将内容展示给更愿意观看的人和潜在的分享者，还有一些程序可以自动参与特定人群喜好的主题和内容，并通过一系列手段增加网络知名度和文化影响力。这些文化病毒的感染不是一个线性过程，而只是意外的、异想天开的、无限延伸的连锁反应，人类和各种网络媒介都参与其中，在这种情况下，既受传播媒介影响，也有技术因素，形成一个不可分割的整体。

20世纪90年代以来，病毒性和逐渐加快的病毒传播，一直是信息网络的一个组成部分。尽管病毒性似乎不属于人类，至少不仅仅关乎个人，但是鉴于文本、图像和其他内容的迅速传播必须依靠个人，人们热烈讨论了个人扮演的文化参与者和文化创造者角色。2006年，亨利·詹金斯（Henry Jenkins）因其著作《聚合文化：新旧媒体的碰撞》②和《粉丝、博主与游戏玩家：探索参与式文化》而

---

① Jussi Parikka, *Digital Contagions: A Media Archaeology of Computer Viruses, Digital Formations*.

② 2012年商务印书馆推出该书中译本《融合文化》。书名译法容易让读者误读为"文化融合"，故此处译为"聚合文化"。——译者注

出名。这两本书强调研究范式的变化：观众可以参与互动。观众不再是被动的接受者，他们可以"备份、注释、使用和重新传播媒体内容"。① 各种形式的社交媒体、网络红人文化的集体创造力，以及人们占用文化符号和文化象征的方式，都是詹金斯所说的**参与式文化**（participatory culture）。这些文化实践是病毒文化的温床，也是其本体论的基础。参与式文化不仅需要个人创造媒体内容，还需要他们分享其他用户创造的内容，从而表达一种情感联结。在市场营销中，人们早已讨论过利用这种方法来创造病毒式传播的产品，或者研究人与人之间的推荐网络，帮助企业出现潜在的新客户。② 病毒性是用户和网络之间的动态关系，新内容不断地涌入网络，并为用户带来意想不到的主题和内容。

原生数字化的认识论

前文讨论了原生数字化的本体论，显然只是对过去几十年间技术与文化复杂融合的部分看法，这也是未来历史学家研究 20 世纪末和 21 世纪初历史时必须探索和重新思考的问题。同样需要思考的是原生数字化时代的**认识论特征**（epistemological character），以及人们如何认识当下和未来。哲学层面的认识论和本体论一样复

---

① Henry Jenkins, *Fans, Bloggers, and Gamers: Exploring Participatory Culture*, New York: New York University Press, 2006, p. 1; Henry Jenkins, *Convergence Culture: Where Old and New Media Collide*, New York: New York University Press, 2006, p. 3.

② Jure Leskovec, Lada A. Adamic and Bernardo A. Huberman, "The dynamics of viral marketing", *ACM Trans*, Web, 1 (1), article 5, 2007. DOI 10.1145/1232722.1232727.

杂。认识论主要指知识理论，涉及真理、信仰和正当性等概念，以及知识的来源、结构和范围等问题。[1] 仅仅是知识的来源就与原生数字化文化密切相关。事实证明，原生数字化时代是一个技术快速变化的时期，数字平台和保存格式各不相同。人们必须通过模拟器（emulators）来探索过去的 DOS 游戏，模拟器可以连接现有操作系统无法运行的软件。在容量巨大的硬盘和云服务出现前，计算机用户不得不将文件保存在 8 英寸、5.25 英寸和 3.5 英寸软盘上。最后，新型号的电脑并不会配备任何形式的磁盘驱动器。互联网历史上充斥着这类例子。如今，互联网内容的归档是国家图书馆和相关机构的任务，但是有许多互联网内容并没有开放获取权限，如果它们被归档，也是为了将来的商业用途，或者为了用户甚至不完全了解的目的。20 世纪 90 年代，互联网的初始特征主要是展现媒介的自发性和地球村的理念，而不是为了永久地储存数据。然而，也有一些成功的互联网存档项目，最有名的是互联网档案馆（Internet Archive）2001 年推出的网页时光机（Wayback Machine）。时光机最久远的页面可以追溯到 1996 年。如今，它拥有 3760 亿个网页存档。[2]

26

近几十年来，历史学家面临一个无法避免的研究阻碍，那就是数据会遭到破坏。尽管有网页时光机之类的互联网项目，但是很明显，互联网上的许多内容已经永远消失了。我们没有理由过分强调这一点。任何历史时期都会出现这种情况。让我们想想古希腊文学

---

[1] 参见 Robert Audi, *Epistemology: A Contemporary Introduction to the Theory of Knowledge*, 2nd edn, New York: Routledge, 2003。

[2] 关于 Wayback Machine，参见 https://archive.org/web/。

遗留至今的原始资料。我们对希腊悲剧的理解只来自最初的一小部分内容。在埃斯库罗斯的八十二部戏剧中，只有七部流传至今，其他作家也是如此。[①]一些完整的哲学流派没有给后人留下任何文字，我们只能通过其他来源间接地了解。新材料和新技术不断出现，保存档案的问题仍然没有解决。

历史学家面临的另一个问题不是缺少资料，而是资料过于丰富。我们生活在一个信息过载的世界里，总是有太多数据。人们通常认为信息过载的概念来自于阿尔文·托夫勒（Alvin Toffler）1970年写作的《未来的冲击》（*Future Shock*）一书。托夫勒认为，信息瞬息万变，这让人们很难"吸收、处理、评估和保留信息"[②]。实际上，1970年之前，就有人提出过类似信息过载的概念。1966年，马歇尔·麦克卢汉（Marshall McLuhan）有过类似的看法。[③]如果说在20世纪60年代末的电视和卫星网络扩张时代，信息过载让人感到压抑和不堪重负，那么在互联网的包围下，信息过载无疑变得更加严重。如今，数字资料的泛滥不仅与数字媒体成为交流平台有

27

---

① Hannu Salmi, "Cultural history, the possible, and the principle of plenitude", *History and Theory*, 50 (May., 2011), pp. 171-187.

② 参见 Melda N. Yildiz, Minza Fazal, Meesuk Ahn, Robert Feirsen and Sebnem Ozdemir (eds.), *Handbook of Research on Media Literacy Research and Applications Across Disciplines*, Hershey, PA: Information Science Reference, 2019, p. 237; Patricia J. Campbell, Aran MacKinnon and Christy R. Stevens, *An Introduction to Global Studies*, Malden, MA: Wiley Blackwell, 2010, p. 255。

③ 更多内容参见马歇尔·麦克卢汉的陈述，见 Robert L. Stern (ed.), *Technology and World Trade: Proceedings of a Symposium*, November 16-17, 1966, Washington, DC: US Government Printing Office, 1967, p. 11。麦克卢汉援引了法国哲学家的文章：Jacques Ellul, "The Twentieth Century child is engaged from morning to night processing data, on a massive scale"。

关，也与文化产品的丰富有关，还与数字化数据库随着我们对各种进程的监测而不断增多有关。数据流包括网站日志、活动追踪器产生的个人健康信息、银行和股票交易数据以及算法生成的地理空间数据，这还只是其中一些例子。如今产生的数据可能比以往任何时候都多，未来的人们肯定可以使用这些数据分析和理解 21 世纪初的生活。然而，我们很难判断研究人员能在多大程度上获得数据，在未来他们又将如何使用数据。不可避免的是，数据集将需要计算分析，并且必须借助数字人文开发的工具。分析海量数据将是未来历史学家的主要挑战，但是这显然有助于理解 21 世纪初社会的复杂运作。至少对于一个当代历史学家来说，为了迎接这一挑战，他似乎有必要通过网络媒体、数字文化和技术研究的最新发现，从跨学科的角度开发出更多研究工具。同时，在磁带、光盘和近年来出现的云服务这段时间跨度中，历史学家在寻找不同数字平台和保存格式时，对媒介考古工作的需求进行评估也是很重要的。[1]

研究原生数字化时代时，似乎无法割裂开认识论和本体论。知识条件与数字文化的结构和过程以及后者的众多实例盘根错节。尼尔斯·布鲁格在 2018 年出版的《存档的网络：在数字时代研究历史》一书中饶有趣味地指出，当原生数字化内容归档时，似乎发生了本体论的转变。归档后的原生数字化媒体区别于最初的性质。根据布鲁格的说法，除了"数字的"和"原生数字化"的概念外，还

---

① 　关于媒介考古学，参见 Jussi Parikka, *What Is Media Archaeology?* Cambridge: Polity, 2012。

28　需要解读第三类概念，即**"再生数字化"**（reborn-digital），它指的是原生数字化媒体"得到收集和保存，在此过程中性质也发生了转变"①。布鲁格分析了网络史，并且特别关注归档的网络，将后者视作一个历史学家会不断探索的问题。这是正确的，因为人们储存原生化数据时，就会产生一个新数字层，数据被重新组织以达到存档的目的，用户界面强烈地影响了历史学家与档案互动的方式。因为原生数字化内容的数量已经增加并且正在成倍地增加，所以值得强调这一点。这也给未来数字内容的档案或数据库带来了新的特例。未来的档案馆应该能够保存当今的社交媒体辩论、在线出版物、图像集、手机游戏和软件、用户生成的数据集以及其他许多当下的数字遗迹，供后人探索。这项工作的关键是要公开阐明再生数字化数据的原则，让研究人员能够批判性地评估再生数字化数据如何影响数据的性质，最终告诉我们过去发生过什么。

---

① Niels Brügger, *The Archived Web: Doing History in the Digital Age,* Cambridge, MA: MIT Press, 2018, p. 5. 也可参见 Brügger and Laursen, "Introduction: Digital humanities, the web, and national web domains", pp. 1-2。

第二章

数字史学中的阅读和文本性

弗朗西斯·培根（Francis Bacon）在 16 世纪末的经典文章《论读书》（"Of studies"）中写道："书有可浅尝者，有可吞食者，少数则须咀嚼消化。""有只须读其部分者，有只须大体涉猎者；少数则须全读，读时须全神贯注，孜孜不倦。"[1] 培根的名言抓住了读书时的不同体验、节奏和作用，也抓住了一个事实——阅读总是与正在读的内容有关，总是与文本有关。对于数字史学学家来说，文本（texts）和文本性（textuality）的作用以及阅读方式相当关键。本章将首先讨论作为一种研究方法的阅读，一直以来它对历史学家理解过去都至关重要。

阅读往往是有趣的，有时也是痛苦和费力的，然而阅读也是我们理解世界和消化信息的核心。历史研究常常被描述为一个由无数书本堆集而成的世界。历史学家必须同时参与两个对话；他们必须从过去的资料中获取知识，并与过去和当下的历史学家对话。阅

---

① Francis Bacon, *The Essays*, Harmondsworth: Penguin, 1986, p. 209. 译文参考王佐良译本。

读是一种研究实践。对数字史学学家来说也是如此，他们一边阅读时间跨度长达几个世纪的资料，一边需要采用新方法解释文献。随着文本数量的剧增和远距离阅读理念的出现，传统阅读方式受到了倡导新方式的文学研究者的挑战，其中之一就有弗朗哥·莫雷蒂（Franco Moretti）。本章结尾将讨论作为大数据的文本如何作为远距离阅读的资料。

作为一种研究方法的阅读

詹姆斯·拉文（James Raven）分析阅读史时，将阅读描述为一个"众所周知的有问题的"实践活动，因为几乎没有人会完整地记录阅读过程；"很少有人写下他们做了什么"。[1] 有些人可能会在空白处写评论，或在笔记本上写备注，还有些人可能会写阅读日志。但是，实际的阅读过程仍然是神秘的。历史学家阅读时会发生什么？安东尼·布伦戴奇在《走向资料：历史阅读和写作指南》一书中试图完整地呈现阅读过程，他强调阅读要贯穿整个研究，研究者不应该拖延，而是一开始就要阅读。[2] 还有许多种类的阅读习惯或者说阅读方法需要更新。一方面，学者必须是一个有效率的读者，能够记住和处理大量信息，另一方面，学者也必须是一个批判性的读者，能够过滤误导性的或不相关的信息。此外，学者必须追踪和核实作

---

① James Raven, *What is the History of the Book?*, Cambridge: Polity, 2018.

② Anthony Brundage, *Going to the Sources: A Guide to Historical Research and Writing*, 6th edition, Hoboken, NJ: John Wiley & Sons, 2018, p. 92.

者使用的原始资料的基本背景等诸多细节，比较不同历史时期的作品，以了解当今世界。

阅读是一种获取信息的方法——一种"阅读书面作品或印刷品"[①]的方法，但是阅读会有一系列附带影响，因为阅读也涉及阐释文本，识别相似性和差异性、连续性和不连续性，检验可能的解释并且最终得出结论。德国阅读史学家罗尔夫·恩格辛（Rolf Engelsing）指出同样是阅读文本，也有不同的方式——概述材料时，需要泛读，深入研究细节时，需要精读。[②] 精读时，只读一遍文本是不够的。必须反复阅读相同的文本，了解文本的基本含义和重要结构。阅读从来都不只是解读文字的表面含义。相反，阅读也与一个人读过的文本相关，无论这个人是首次阅读还是重读。阅读不仅与过去的经历相关，还包含了对未来的期望，因为当下的作品也会构想未来。

31

自 20 世纪 90 年代以来，历史学家经常使用"细读"（close reading）这一表述来描述他们的阅读方法。[③] 细读一般指的是仔细、深入的阅读，在此过程中，历史学家关注细节，同时在字里行间观察更大的历史情境。在 20 世纪 80 年代，特别是 90 年代，所谓的新

---

① 关于"阅读"（reading）的词源，参见 *Oxford English Dictionary*, 3rd edition, Oxford: Oxford University Press, 2008。

② 关于泛读和精读，参见 Rolf Engelsing, *Bürger als Leser*, Stuttgart: Metzler, 1974。关于恩格辛的思想，也可参见 Gideon Reuveni, *Reading Germany: Literature and Consumer Culture in Germany before 1933*, New York: Berghahn, 2006, pp. 6-7。

③ Peter Burke, *What is Cultural History?*, Cambridge: Polity, 2004, p. 135.

文化史兴起之后，"细读"的概念在历史研究中变得很普遍。[1] 细读作为一个概念，首先来源于文学研究，而文学研究中的细读含义有所不同。二战后，所谓的新批评派（New Criticism）特别提倡文本细读。[2] 新批评派希望放弃文化背景和历史背景，尤其要抛弃人物生平的语境，将文学作品解释为自成一体的审美对象。细读的内涵是专注于文学作品自身的形式、写作方法和内部结构。[3] 可以说，自 20 世纪 90 年代以来，细读——至少是历史学家认为的细读——强调仔细解释原始资料的形式和表达，但是与新批评派相反，历史学家旨在在更广泛的文化和历史变革框架中解释结构的变化。

细读的概念与文本如何创造意义相关。可以肯定的是，研究者对文本符号的关注有很多背景，但其特别受到符号学及其在 20 世纪 60 年代和 70 年代对符号（sign）和能指（signifiers）的兴趣的启发。细读作为一种表达方式，最常被描述为涉及文本的学术研究，但是从文化的符号学角度，阅读的含义超出了书面或印刷文本本身。符号学的转向强调语言的更广泛含义。我们有像印地语、韩语和葡萄牙语这样的自然语言，但是符号学家也将其他使用符号交流的手段解释为"语言"。例如，符号学家认为，图像也可以是具有自身特定语言的文本。16 世纪的绘画基于自身的视觉主题、人物、装饰物等

---

① 关于文化转向，参见 Peter Burke, *What is Cultural History?*, pp. 31-33。

② Annette Federico, *Engagements with Close Reading*, Abington, Oxon: Routledge, 2016, pp. 3-4.

③ Paul Jay, *The Humanities "Crisis" and the Future of Literary Studies*, Basingstoke: Palgrave Macmillan, 2014, p. 133.

等。同样，音乐语言由旋律、和弦和节奏单位组成。① 从阅读的角度看，通常来说，我们不仅可以阅读书面或印刷文本，还可以阅读各种文化产品，于是阅读意味着阐释并解读符号和象征。读者只需知道这种交流方式具有不同载体，就像他们熟悉的书本中的自然语言一样，特别是其中的词汇和句法。

机器阅读

如今，在快速变化的媒体世界中，"阅读"这个词越来越多地指机器阅读而不是真人阅读。例如，扫描仪使用光学阅读器，捕捉视觉信息并将其转换为其他格式，以便进一步用于计算机阅读。一本书封底上的条形码包含产品信息，它可以被光学读取，这些信息可以被输送到另一个系统，出现在书店的发票上。以上的"阅读"指数据的解码和转换。上一章中讨论的数字化项目借鉴了光学阅读的概念。大量的数字语料库都是利用光学字符识别（optical character recognition, OCR）制作的，也就是把图像转换成文本。光学字符识别基于字符的视觉特征，基本要素是生成机器可读的文本，允许计算机分析文本，这在实体文本条件下是不可能的。实际上，OCR 的历史背景与更传统的阅读或寻找新阅读方式的必要性有关。早在 20 世纪初，人们就感到需要一种技术，帮助将印刷文本转换为不需要人眼就能阅读的形式。1913 年，埃德蒙·爱德华·富尼埃·达尔比

33

---

① Eero Tarasti ed., *Musical Signification: Essays in the Semiotic Theory and Analysis*, Berlin: De Gruyter, 2011.

（Edmund Edward Fournier d'Albe）开发出光学电话，它可以扫描文本并将字符转换成音调，让盲人能够听到字母，从而在看不到任何字符的情况下阅读。[1] 在随后的几十年里，人们开发了许多技术来加强自动识别字符。[2]

　　数字人文的前提是数据可供机器阅读，也就是说，不仅是研究者能够阅读信息，计算机或软件也能够阅读。光学阅读器只是实现机器可读性过程中的一类设备。如果我们把"阅读"定义为消化和组织信息，机器当然可以阅读。如果我们进一步提出，阅读也是阐释信息，那么很明显，人们可以设置机器，教会机器分析和阐释输入的数据。目前，阅读的复杂性在于，我们不仅自身是读者，而且也是全新和富有想象力的阅读方式下的被阅读对象。如何用机器"阅读"我们的言行是一个紧迫的问题。这也意味着，在过去几十年里，阅读的文化历史背景已经出现了深刻的变化。

远距离阅读

　　本书的主题数字史学，基于大数据的文化背景，数字化和原生数字化的大数据以机器可读的形式开拓了历史研究的新方法论，以

---

　　[1]　E. E. Fournier d'Albe, "The type-reading optophone", *Scientific American*, October 1920, pp. 109-110.

　　[2]　关于进一步细节，参见 Mary Elizabeth Stevens, *Automatic Character Recognition: A state-of-the-art Report,* Washington, DC: National Bureau of Standards, 1961。(https://www.govinfo.gov/content/pkg/GOVPUB-C13-e723fb75b1725d344792abdccc4faa96/pdf/GOVPUB-C13-e723fb75b1725d344972abdccc4faa96.pdf)

及毫无疑问地，使新型的研究环境和历史调查成为可能。如果原始材料的本质、特性和范围都发生了变化，那么历史研究方法自然也要随之改变。在这种情况下，历史学家和其他人文科学研究者几十年来广泛培养的文本细读概念，在 21 世纪前十年受到了远距离阅读理念的挑战。**"远距离阅读"**（distant reading）的概念因为文本细读的论战而为人所知。2000 年，文学研究者弗朗哥·莫雷蒂在发表于《新左派评论》的《世界文学的猜想》一文中首次提出远距离阅读的概念。莫雷蒂认为，远读允许我们"专注于比文本更细微或更宏观的对象：图案、主题、修辞、体裁和语言体系"[①]。读者不需要离文本太近，而是要拉开一些距离，才能看到那些宏观特征，以及那些细微的、微妙的元素，一旦细微的元素积累，就会产生分量。莫雷蒂在 2005 年出版的《图表、地图和树状结构：文学史的抽象模型》中写道，与文本产生一定距离"并不是一种障碍，而是知识的特殊形式：读者面对更少的元素，因此才会更清晰地认识到文本整体的相互联系，这一系列的关键词有形状、关系、结构、形式和模型"[②]。

34

　　莫雷蒂在《新左派评论》最初发表的批评中，特意将细读和远读对立。他甚至认为，距离是"知识的一个前提"[③]。本章后文将讨论莫雷蒂提出这个单薄结论的原因，以及不一定与数字史学学家

---

　　① Franco Moretti, "Conjectures on world literature", *New Left Review*, January-February 2000, p. 57.

　　② Franco Moretti, *Graphs, Maps, Trees: Abstract Models for a Literary History*, London: Verso, 2005, p. 1.

　　③ Franco Moretti, "Conjectures on world literature", p. 57.

有关的论点，因为在我看来，细读概念和与之对立的远读概念是可以变化的。有各种出版物试图解决这种二分法，并超越二元论的设定。①

如今，远距离阅读的概念在数字人文的研究中被频繁使用。如果原始资料包含大量的文本，那么也与数字史学有关。这也意味着在文化研究中采用更多文献阐释的时代之后，统计分析和定量方法的回归。远距离阅读通常被简单地描述为分析"成百上千本书"的一种方式，甚至被认为比细读更"客观"。②然而，在解释莫雷蒂的观点时，必须考虑下列问题。首先，莫雷蒂的方法来自文学研究，该领域一直有大量关于不同阅读方法的讨论。如前所述，细读作为一种实践，最初的提出是针对文学作品的传记式解释，指出了分析文本的内在结构与深入词语和句法层面的重要性。在文学研究中，许多其他关于阅读的流行说法也得到强调。在精神分析和马克思主义的推动下，症候式阅读（symptomatic reading）的概念基于如下假设：文本的真正意义在于其没有言说的部分，意味着读者必须努力超越文本表面的含义，找到隐藏的意义。作为症候式阅读的对立

35

---

① 相关内容可参见 Stefan Jänicke, Greta Franzini, Muhammad Faisal Cheema and Gerik Scheuermann, "On close and distant reading in digital humanities: A survey and future challenges", Eurographics Conference on Visualization (EuroVis), 25-29 May 2015, Cagliari, Italy, The Eurographics Association (https://www.informatik.uni-leipzig.de/~stjaenicke/Survey.pdf); Bob Nicholson, "Counting culture; or, How to read Victorian newspapers from a distance", *Journal of Victorian Studies,* 17 (2) 2012, pp. 238-246。

② 参见一篇博客，Elena Langle, "Distant reading vs. close reading", *Digital Humanities* (blog), 19 May 2015。(https://elenadigi.wordpress.com/2015/05/19/distant-reading-vs-close-reading/)

面，表面阅读（surface reading）的引入是为了认真对待文本的字面含义，分析"文学表面的复杂性"，这些表面是"症候式阅读视而不见的"。[①]

可以确定的是，莫雷蒂强调了以数字方法研究文本。然而，我们将莫雷蒂的思想应用于历史研究时，必须意识到这样一个事实，他对远距离阅读的表述，至少在《新左派评论》中的首次重申时，是针对文学典籍的。他的出发点是挑战对世界文学的传统理解。莫雷蒂写道：

> 研究世界文学意味着什么？我们如何研究世界文学？我的工作是研究 1790 年至 1930 年间的西欧小说。在英国和法国之外，我已经觉得自己是个假充内行的人了。更何况世界文学？
>
> 当然，许多人比我读书更多，读得更好，但是我们讨论的是数百种语言和文学作品。阅读"更多"似乎很难成为解决办法。特别是，我们刚刚开始重新探索玛格丽特·科恩（Margaret Cohen）所说的"数量庞大的未读"。"我的工作是研究西欧小说等等……"实际上并非如此，我研究的是经典的西欧小说，甚至不到出版文学的百分之一。再说，有些人读得更多。然而问题是，有三万部 19 世纪的英国小说，还是四万、五万、六万？没有人知道真正的数字，没有人通读过，将来也不会有人这么做。[②]

[①] Stephan Best and Sharon Marcus, "Surface reading: An introduction", *Representations*, 108 (1) 2009, pp. 1-21.

[②] Franco Moretti, "Conjectures on world literature", p. 55.

玛格丽特·科恩 1999 年出版了《小说的感性教育》，书中提出了"数量庞大的未读"概念，莫雷蒂显然受其启发。科恩用这个词指那些已经无法获得或被完全遗忘的大量文本。[①] 这给研究带来了挑战。人们怎么能知道这些被遗忘书籍的内容？它们在过去讨论过什么？为什么它们当时会流行？研究者只能研究这个庞大的"未读"书籍中的一小部分。科恩的评述实际上成为寻找研究文学新方法的论据。

莫雷蒂的目的是基于歌德和马克思的精神，倡导世界文学（Weltliteratur）的理念[②]，但是莫雷蒂采用的是现代方法。莫雷蒂认为，细读"必然依赖一本小型经典作品"，原因是不可能像理解世界文学那样仔细分析大规模的文本。因此，新方法需要被引入，研究者应该"学会如何不阅读"。此外，莫雷蒂敏锐地指出，"美国是习惯细读的国家，所以我不指望'学会如何不阅读'的想法特别流行"。[③]

显然，莫雷蒂的激进观点特别针对那些只分析某位作家或某部作品，并以此固化现有经典作品的文学学者。研究者的选择有所偏颇，参与了对文学概念的建构。我们在人文科学的其他领域应用莫雷蒂的远距离阅读思想时，必须注意这一点。此外，我们不应该想当然地认为，莫雷蒂对其自身领域内的文学研究方法和趋势做了公允的评述。无论如何，在历史研究中，研究者与文本和文本性的关系显然与莫雷蒂的概念不同，原因是历史学家往往倾向于将尽可能

36

---

① Margaret Cohen, *The Sentimental Education of the Novel, Princeton*, NJ: Princeton University Press, 1999, p. 23.

② Franco Moretti, "Conjectures on world literature", p. 54.

③ Ibid., p. 57.

多的材料纳入研究，而不是只集中于少数文本。

值得注意的是，莫雷蒂也提到了历史学家。他引用了马克·布洛赫（Marc Bloch）的标志性说法"成年累月的分析换来一天的归纳陈述"①，并提到了费尔南·布罗代尔和伊曼纽尔·沃勒斯坦（Immanuel Wallerstein）的代表性研究方法。莫雷蒂指出，最终，沃勒斯坦著述的归纳陈述是相当浓缩的。沃勒斯坦将他"成年累月的分析"浓缩成"三分之一的页面"。②这揭示了莫雷蒂的目的：主张寻找新方法，在大量数据的基础上提炼抽象内容。对莫雷蒂来说，可视化是一种方法，可以用来综合通过计算数据得出的论述。这就是莫雷蒂在《图表、地图和树状结构：文学史的抽象模型》一书中进一步发展的内容。③

远距离阅读强调了距离：研究不应该离文本太近；"研究项目越是雄心勃勃，距离文本必须越远"。④这种方法是否适用于历史研究值得质疑。研究者利用可获得的大数据，探索远距离阅读材料的新方法非常重要。与此同时，从远距离回到个别文本的细读，考虑大局如何改变我们对细节的看法，也同样重要。自莫雷蒂以来，许多研究者都强调了在远读和细读之间的不断转换。⑤斯科特·温格特

37

----

① 莫雷蒂引用马克·布洛赫的观点，参见 Marc Bloch, "Pour une historie comparée des societies européennes", *Revne de synthèse historique*, 37, 1928, pp. 15-50.

② Franco Moretti, "Conjectures on world literature", pp. 56-57.

③ 更多细节，参见 Jänicke et al., "On close and distant reading in digital humanities".

④ Franco Moretti, "Conjectures on world literature", p. 57.

⑤ 参见 Jänicke et al., "On close and distant reading in digital humanities"; Geerben Zaagsma, "On digital history", *BMGN – Low Countries Historical Review*, 128 (4), 2013, pp. 3-29.

（Scott Weingart）通过论证指出了距离的道德层面。"当你放大到足够远时，一切看起来都是一样的。"因此，人文学者有必要"从细读转入远读"。① 弗雷德里克·克拉夫特（Frederic Clavert）则提出，历史学家应该"能够进行双重阅读"，既在档案馆阅读文献，通过人工阅读与资料保持密切关系，但同时也应该能够从远处研究一切。② 有时，与远读保持距离是必要的，它可以为细读提供新见解，反之亦然。蒂姆·希区柯克（Tim Hitchcock）是数字史学的开创者之一，也是"老贝利在线"（Old Bailey Online，1674—1913 年伦敦中央刑事法院资料库）的开发者。他强调研究者权衡宏观和微观的重要性，并强调"计算机辅助细读"的潜力。③

在远距离阅读中，"远"字有两层含义：它指的是努力避免深入细节，远离资料的文本表面；它还影射了研究数据是如此庞大，以至于除了远距离阅读之外根本无法分析。让我们回头想想那些已完成数字化的数以亿计的书籍——大数据需要远距离阅读，仅凭细读是不可能的。人类不可能凭人力全部读完它们，如果只有细读被认

① Scott Weingar, "The moral role of DH in a data-driven world", *DH2016* (blog), 14 September 2014. (http://www.scottbot.net/HIAL/index.html@p=40944.html)

② Frédéric Clavert, "Lecture des sources historiennes à l'ère numérique", 14 November 2012. (http://www.clavert.net/wordpress/?p=1061)

③ Tim Hitchcock, "Microscopes and macroscopes: Computer assisted close reading of historical texts", in The XXVI Veikko Litzen Lecture, University of Turku, 30 November 2018. (https://echo360.org. uk/lesson/G_8ffaa75d-ccf6-4131-b125-0a5d3960fa9c_c9bc6e5f-2370-461f-a42a-bf627c2dd894_2018_11-30T16:10:00.000_2018-11-30T18:00:00.000/classroom#sortDirection=desc) 也可参见 Niels Brügger and Ralph Schroeder (eds.), *The Web as History: Using Web Archives to Understand the Past and the Present,* London: UCL Press, 2017, p. 241。

为是与学术相关的，它们也许会一直作为"伟大的未读"。在这种情况下，有必要用机器代替人类作为读者。如果大数据是机器可读格式，就可以通过计算方法来阅读大数据。然而，机器阅读还是阅读吗？如果我们把阅读定义为需要人类意识，才能不断地将所读内容与先前内容进行比较，并推测所读内容在未来可能会如何发展，这或许是一个机器无法胜任的工作。但是，可以肯定的是，人工智能可以进步，直到将每一个新识别的字符、单词和句子与文本中先前的表达进行比较，而且不局限于一个文本，是在数千或数万个先前文本的语境下。

大数据的挑战

对于数字史学学家来说，尤其是在评估文本库（corpora）的大数据时，远距离阅读成为一个问题。阅读和解释少量文本，甚至是一个单一文本是很重要的，但是仍然有必要更广泛地讨论大数据。如果没有大量的信息库，数字史学可能不会发展。随着电子媒体和计算机化的扩展，关于大数据的讨论始于 20 世纪 60 年代和 70 年代。《牛津英语词典》将大数据定义为"规模非常大的数据，典型表现是对大数据的操作和管理呈现出重要的组织层面的挑战，（同时）计算领域也涉及大数据"。① 有趣的是，《牛津英语词典》引用了一位历史学家对大数据的早期评论，揭示了 1980 年左右人们对计算机辅助研

---

① "Big Data", Oxford Dictionary of English. (https://www.oed.com)

究历史的怀疑态度。^①该评论来自著名的美国政治学家和历史学家查尔斯·蒂利（Charles Tilly）1980 年 10 月在密歇根大学发表的一篇文章《旧的新社会史和新的旧社会史》。《牛津英语词典》中的大数据条目表明，历史学家一直对借鉴规模庞大的数据感兴趣。在他的文章中，蒂利详细引用了英国同事劳伦斯·斯通（Lawrence Stone）对计量史学的批评，尤其是对罗伯特·福格尔（Robert Fogel）和斯坦利·恩格曼（Stanley Engerman）使用计算机进行社会史分析的批判。^②根据斯通的说法，计量史学家"擅长请助理团队收集大量数据，使用电子计算机来处理所有数据，并将高度复杂的数学程序应用于数据分析"。^③然而，计量史学方法存在着严重的问题，这一点得到了蒂利的赞同，他认为"计算机编程失去了关键的细节"，"使用数学方法得出的结果对于他们要说服的历史学家来说是不可理解的"。此外，"将证据储存在计算机磁带上会阻碍其他历史学家验证结论"。^④蒂利继续写道："大数据使用者没有真正解答任何一个大问题。"他

39

---

① 其他学者也注意到《牛津英语词典》引用的历史学家评论，参见 Michael J. Tarr and Elissa M. Aminoff, "Can big data help us understand human vision?", in Michael N. Jones ed., *Big Data in Cognitive Science*, New York: Routledge, 2016; Carmel Martin, Keith Stockman and Joachim P. Sturmberg, "Humans and big data: New hope? Harnessing the power of person-centred data analytics", in Joachim P. Strumberg ed., *The Transformation of Science, Practice, and Policy*, Cham: Springer, 2019, p. 216。

② Charles Tilly, "The old new social history and the new old social history", CRSO Working Paper 218, 1980, pp. 7-8.

③ Lawrence Stone, "The revival of narrative: Reflections on a new old history", *Past and Present,* 85, 1979, pp. 3-24, 11.

④ Charles Tilly, "The old new social history and the new old social history", p. 8.

以斯通的话作为结论："一般来说，方法论的复杂性往往超过数据的可靠性，而结果的有用性似乎在一定程度上与方法论的数学复杂性和大规模的数据收集成反比。"①

《牛津英语词典》中的大数据条目展现了人们在 20 世纪 70 年代末和 80 年代初对"大数据"的矛盾看法。重要的是，当时除了富格尔和恩格曼的研究，还有其他的计算机辅助研究历史项目。例如，英国的爱德华·A. 里格利（Edward A. Wrigley）和罗杰·斯科菲尔德（Roger Schofiled）的 16 世纪至 19 世纪英国人口史研究②，以及爱沙尼亚的尤汉·科克关于农村人口的多项研究③。社会史学家尤其喜欢使用计算机辅助研究历史。《牛津英语词典》的大数据条目提出了两位著名社会史学家的批评，他们的批评至今还没有被反驳。如今，关于数字史学跨学科性质的疑虑仍然存在。如何确保一切数据都得到正确的处理？如何确保关于资料来源的批评被认真对待？如何以一种历史学家和计算机科学家都能理解的方式展示结果？又如何让

---

① 蒂利引用斯通的论文，参见 Lawrence Stone, "The revival of narrative: Reflections on a new old history", p. 13。

② Edward Anthony Wrigley and Roger Schofield, *The Population History of England, 1541-1871: A Reconstruction, Cambridge,* MA: Harvard University Press, 1981.

③ Juhan Kahk, "Recent results of Soviet historians in use of mathematical methods and computers in agrarian history", *Historisk Tidskrift*, 94 (3), 1974, pp. 414-421; Juhan Kahk, "Quantitative historical research in Estonia: A case study in Soviet historiography", *Social Science History*, 8 (2), 1984, pp. 193-200. 关于北欧学者的类似作品，参见 Petri Paju, "International er-assisted history research: Combining influences from Nordic and Soviet Baltic historians", in *Proceedings of the 4th Digital Humanities in the Nordic Countries*, Copenhagen, 6-8 March 2019, pp. 349-357。(http://ceur-ws.org/Vol-2364/31_paper.pdf)

后人有可能验证这些结果？

自蒂利和斯通对计量史学的批判以来，时过境迁。当然，我们现在有更多的数据可用，而且不仅仅是档案馆中的数据，原因是大量的数据流不断生成和积累，例如互联网服务器或个人移动电话中的数据。正如高德纳公司（Gartner）的《IT词汇表》所言，有"大量、高速或高频率的信息资产，需要成本效益高、创新的信息处理，以提高洞察力、决策和流程自动化"。[①]大数据是每个人都关心的问题。瑞杰·萨克纳（Rajan Saxena）将大数据描述为"从各种来源收集的结构化和非结构化数据，如社交媒体文本、手机位置、网络浏览和搜索引擎、通话记录、无线电频率识别、地图、交通数据和公司内部记录"。[②]当然，这个清单也应该包括最近几十年来数字化的所有历史记录。

如前所述，"大数据"一词已经有了很长的历史。我们可以通过借鉴大数据本身来说明这一点。2010 年，谷歌实验室发布了由乔恩·奥旺特（Jon Orwant）和威尔·布洛克曼（Will Brockman）开发的谷歌图书词频浏览器（Google Ngram Viewer），允许检索谷歌庞大的数字化图书库。在谷歌图书词频浏览器开放时，该工具涵盖了520 万本在 1500 年至 2008 年间出版的美式英语、英式英语、法语、德语、西班牙语、俄语和中文书籍。如果用字符串大数据"big data"来搜索整个英语语料库，谷歌图书词频浏览器给出的结果如图 1

---

① Gartner's IT Glossary. (https://www.gartner.com/it-glossary/big-data/)

② Rajan Saxena, *Marketing Management*, 5th edition, New Delhi: McGraw-Hill Education, 2016.（无页码标注的电子书）

所示。

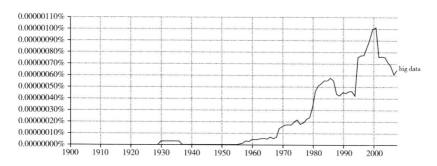

图 1　谷歌图书词频浏览器搜索大数据"big data"的结果

资料来源：谷歌图书词频浏览器（https://books.google.com.ngrams）

　　图 1 的曲线似乎表明，谷歌图书语料库中的"大数据"一词在 20 世纪末迅速增长。① 图 1 的数据截止到 2008 年，此时"大数据"一词的出现次数仍然很多，但是没有 2000 年前后那么多。对上述检索结果的可靠性应该有所保留。因为有时"大"一词实际上是一个句子的最后一个词，而"数据"是下一个句子的第一个词，而且显然在有些情况下，元数据是不正确的。例如，元数据给出了图书第一版的出版年份，而实际上是之后的版本才提及"大数据"。不过，在这种情况下，大数据本身还是让人大致了解了"大数据"一词在英文文献中的演变。

　　大数据的"大"也经常导致各种问题。在《探索历史大数据：历史学家的宏观视角》一书中，作者肖恩·格雷厄姆（Shawn

---

　　① "Big data", Google Ngram Viewer. (https://books.google.com/ngrams)

Graham）、伊恩·米利根（Ian Milligan）和斯科特·温加特（Scott Weingart）提出了一个重要观点："大"的概念实际上是相对的。不同学科中，"大"有着不同的维度和比例："大数据对文学学者来说可能意味着一百部小说（'伟大的未读'）；对历史学家来说可能意味着整个19世纪的航运名册；对考古学家来说可能意味着几个季节的实地调查、挖掘和研究所产生的规模数据。"①尽管他们评论，与莫雷蒂提到的成千上万册小说相比，"伟大的未读"只是一百本小说，但是研究人员恰当地指出，数据的大小没有量化标准或限制。一切都取决于研究环境和提出的问题。事实上，一切都取决于研究的问题而不是学科。例如，历史学家的兴趣并不限于航运名册，也可以包括小说和考古挖掘报告。每个案例研究材料的多少必须单独估计。此外，使用"小数据"（small data）一词是为了强调并非所有的东西都必须是大的，数字方法可以应用于任何种类的数据。

如前文所述，大数据可以是任何种类的数据，既可以是文本材料和视觉资料，也可以是社交媒体内容到位置信息。目前研究人员在数字人文和数字史学中最常用的大数据是大量的数字化文本或原生数字化文本。这种趋势愈发强烈和根深蒂固，以至于越来越多的人批评该领域过度使用文本，并认为应该更认真地对待视觉资料。梅尔文·韦弗斯（Melvin Wevers）和托马斯·斯密茨（Thomas Smits）在最近的一篇文章中说："各个种类和形式的文本分析已经主

---

① Shawn Graham, Ian Milligan and Scott Weingart, *Exploring Big Historical Data: The Historian's Macroscope,* London: Imperial College Press, 2015, p. 3.

导了这个领域。"他们总结道："对文本的强调源于数字化文本技术的实用性。光学字符识别允许研究人员使用关键词来搜索和分析数字化文本。"① 虽然这个结论击中要害，但是同样明显的是，文本材料是任何人文学科研究的核心价值。

历史研究的文本

分析过去遗留的文本，包括手稿和印刷品，这是历史研究的悠久传统。当学术性的历史研究在 19 世纪真正开始时，以德国历史学家兰克（Leopold von Ranke）为代表，文本资料受到高度重视，特别是文本中的档案资料。② 根据这种观点，如果没有被记录的资料，就不会有历史。法国历史学家夏尔－维克多·朗格诺瓦（Charles-Victor Langlois）和夏尔·瑟诺博斯（Charles Seignobos）在其 1898年的《历史研究导论》（*Introduction aux études historiques*，1904 年被译为英文）中对这一原则进行了著名的表述："没有档案，就没有历史。"③

43

---

① Melvin Wevers and Thomas Smits, "The visual digital turn: Using neural networks to study historical images", *Digital Scholarship in the Humanities,* 35 (1), 2020, pp. 194-207; Elijah E. Meeks, "Is digital humanities too text-heavy?", *Stanford University Libraries* (blog), 26 July 2013. (https://dhs.stanford.edu/spatial-humanities/is-digital-humanities-too-text-heavy/)

② 进一步内容，参见 Leopold von Ranke ed., *The Theory and Practice of History*, London: Routledge, 2011; Peter Burke, *The French Historical Revolution: The Annales School, 1929-89*, Cambridge: Polity, 1990, p. 7。

③ Charles-Victor Langlois and Charles Seignobos, *Introduction to the Study of History*, translated by G. G. Berry, New York: Henry Holt and Company, 1904, p. 17.

事实上，早期的学术史产生了一种等级分明的文本性划分，对历史的概念产生了影响：档案性质的官方文件居于私人信件之上，手写文本位于印刷品和更流行的出版物之上。在这个意义上，文本性从未被视为一种体裁，而是文化产品的总类。历史学家对文本热情投入，发展了他们批判文献和解释学方面的技能。然而，在19世纪末，以及20世纪初，历史学家被批评过于依赖书面和印刷资料，而不承认历史的其他资料来源。荷兰历史学家约翰·赫伊津哈（Johan Huizinga）是一名开拓者，他在1919年的《中世纪的秋天》（*Waning of the Middle Ages*）中强调了视觉资料，该书从凡·艾克兄弟（Van Eyck brothers）的神秘绘画开始写起。[①] 可以肯定的是，没有视觉材料，我们很难理解中世纪。从20世纪20年代起，法国年鉴学派的历史学家就提出，任何一种文化产品都可以成为历史学家的信息来源，不仅是书面和视觉资料，还有口头传统、物质遗存、建筑、统计数据和视听资料。[②] 从这个角度看，数字人文学科的讨论似乎又回到了100年前辩论过的观点：文本，尤其是印刷文本是很容易获取的，而且在研究中成功运用这些文本的方法论也一直存在，然而，这种观点只是部分正确，因为今天的情景已经大为不同。如今强调文本大数据的原因之一是，历史语言学有着研究数字化语料的悠久传统。在历史学家和其他人文研究者发现数字化语料

---

① Johan Huizinga, *The Waning of the Middle Ages: A Study of the Forms of Life, Thought and Art in France and the Netherlands in the Fourteenth and Fifteenth Centuries*, Harmondsworth: Penguin Books, 1922, p. 4.

② Peter Burke, *The French Historical Revolution: The Annales School, 1929-89*, pp. 12-13.

之前，这个领域的研究者早就从事类似研究了。

　　如今，人们大量使用印刷文本资料。前一章讨论的大型数字化　　44
项目不仅为学术研究提供了丰富基础，而且为把各种资料联系起来
提供了可能性。许多文本集由国家图书馆制作或通过私人基金会发
起，因此，跨国或跨地区的研究问题需要大量的准备工作，以创造
更大的研究基础。

　　报纸可能是当今历史学家最常使用的数字化原始资料。人们
或许会同意，早在 19 世纪，报纸就是一种前（*avant la lettre*）大
数据形式。自 19 世纪 30 年代起，高速印刷机就能以低廉的价格在
一天内印刷数万份报纸。英国政治家兼作家爱德华·鲍沃尔·利顿
（Edward Bulwer Lytton）爵士将报纸描述为"文明的编年史，就像每
条小溪涌入活水的公共水库，每个人都会来喝水"。[①] 当然，从 17 世
纪开始就有报纸出版，早期的报纸对数字史学学家来说也很重要，
但是从 19 世纪初开始，期刊媒体形成了一个网络，覆盖到世界的各
个角落。正因为如此，它们为大规模分析提供了一个基础，一个跨
越原有边界的基础。

　　在过去的 15 年或 20 年里，各国图书馆已经将馆藏报纸数字化。
如果我们将澳大利亚、芬兰、德国、墨西哥、新西兰、荷兰、英国
和美国等国的数字化报纸加起来，就会有超过 1 亿页的内容。没有
任何搜索引擎可以只通过一次搜索就查询到上述所有报纸，研究人
员必须分别查询不同的数据库。

---

① 　Edward Bulwer Lytton, "A Newspaper", in *The Bradford Observer*, 31 May 1838.

许多精心编纂的历史报纸档案清单能帮助研究人员在全球范围内浏览并找到相关收藏。最全面的馆藏列表之一可以在维基百科上找到，包括阿根廷、巴西、加拿大、赤道几内亚、冰岛、日本、俄罗斯和斯洛文尼亚等国家的数字馆藏。[①] 不言而喻，上述报纸馆藏在可浏览性和搜索选项方面都有巨大差异。有些报纸馆藏是收费的，如日本时报数字档案馆（Japan Times Digital Archive）[②] 和法兰克福汇报（Frankfurter Allgemeine Zeitung）[③]，而有些报纸馆藏则对所有访客免费，如希腊国家图书馆的数字报纸档案馆（Digital Newspaper Archives）[④]、西班牙国家图书馆的数字报纸馆藏（Hemeroteca Digital）[⑤]。数字化报纸的另一个问题是可搜索性。一些项目的可搜索性并非是优先考虑事项，相反，它是让无法进入图书馆的读者在网上阅读报纸。例如，可以在网上找到《西属几内亚》（*La Guinea Española*）1903 年至 1969 年的 PDF 文件。[⑥] 每一期都是一个单独的文件，只被保存为图像，文本没有经过光学识别，所以无法搜索。该资源对研究赤道非洲的学者很有价值，但是为了能够使用数字化的研究方法，用户应该首先下载所有 PDF 文件，用 OCR 软件提取

---

① 关于在线报纸档案馆列表，参见 https://en.wikipedia.org/wiki/Wikipedia:List_of_online_newspaper_archives。

② 日本时报数字档案馆（1897—2014），参见 https://www.japantimes.co.jp/2014/12/05/press-release/116-year-japan0times-digital-archives-now-available-subscription/#.XUrBCOgzY2z。

③ 法兰克福汇报（1993— ），参见 https://fazarchive.faz.net/?targetUrl=%2FFAZ.ein.

④ 希腊国家图书馆数字报纸档案馆，参见 http://efimeris.nlg.gr/ns/main.html。

⑤ 西班牙国家图书馆数字报纸馆藏，参见 http://www.bne.es/es/Catalogos/Hemeroteca-Digital/。

⑥ 《西属几内亚》，参见 http://www.bioko.net/guineaespanola/laguies.htm。

文本，或者使用其他形式的预处理。

安德鲁·普雷斯科特（Andrew Prescott）指出，很多数字化项目的最初目的并不是创造可搜索文本，如今许多最常用的馆藏就是如此。[1] 普雷斯科特指的是著名的英国报纸原始资料项目——伯尼典藏（Burney Collection）。这个项目开始于 1992 年大英图书馆购买的一台微缩胶片数字化仪："这是一个实验性项目，目的是改进图书馆提供微缩胶片替代品的方式。当时人们并没有假设数字图像会取代缩微胶片，原因是缩微胶片在适当的条件下可以存放一千年，被认为是一种更稳定的保存媒介。"[2] 如今，伯尼典藏由盖尔圣智公司（Gale Cengage）提供可搜索服务，但是在 20 世纪 90 年代项目开始时，人们还不清楚技术在未来会如何发展，以及保存资料的最佳选择。在 20 世纪 90 年代，还有一个名为"时间"（TIDEN）的斯堪的纳维亚项目，该项目包括来自丹麦、芬兰、挪威和瑞典的合作伙伴，标志着芬兰国家图书馆数字馆藏的开始。早在 1990 年，赫尔辛基大学图书馆就在东部小镇米凯利（Mikkeli）建立了微缩胶片拍摄和保存中心，目的是建立一个全面的芬兰报纸和期刊缩微胶片收藏。人们很快发现，数字化对为研究打下基础更有成效，而 TIDEN 项目提供了集中探索数字化问题以及制作实体数字拷贝的可能性，基础就是之前制作的微缩胶

46

---

① Andrew Prescott, "Searching for Dr Johnson: The digitisation of the Burney newspaper collection", in Siv Gøril Brandtzæg, Paul Goring and Christine Watson (eds.), *Travelling Chronicles: News and Newspapers from the Early Modern Period to the Eighteenth Century*, Leiden: Brill, 2018, pp. 49-71, 57.

② Ibid.

片。[①] 这就是为什么目前芬兰的数字化报纸馆藏几乎完全基于微缩胶片，世界其他国家的许多馆藏也是如此。如今，人们要重新扫描所有资料是很费力且昂贵的。芬兰的数字化项目导致了数个后果，资料的可搜索性问题只是其中之一，另一个是数字化自身的质量问题。一开始，因为数字化馆藏的唯一目的是让早先被迫阅读微缩胶卷的研究者更易获得资料，所以数字化的质量差一点并不重要。然而，数字化馆藏的搜索功能很快得到开发，但是扫描的质量限制了这项工作。这提醒了人们批判原始资料的重要性，以及需要考虑大数据形式的馆藏如何影响它们作为历史证据的条件。

数字化文本集的搜索页面以光学字符识别为基础。从扫描图像中获取文本的方法从 19 世纪末就开始发展了，但是从 20 世纪 70 年代起，才成为实用的研究工具。[②]ABBYY FineReader 是最成功的 OCR 程序之一，发布于 1993 年。该软件的最新版本可以识别 192 种不同语言。[③]OCR 的成就显著，但是 OCR 仍然给历史研究带来了问题。我们越往前追溯历史，字符识别似乎就越困难，原因是字

① Mila Oiva, Hannu Salmi and Asko Nivala, *Digitized Newspapers at the National Library of Finland, Suomen kansalliskirjaston digitoidut sanomalehdet*, 20 February 2018 (https://oceanicexchanges.org/2018-02-20-data-reports-finland/); Majlis Bremer-Laamanen, "Connecting to the past – Newspaper digitization in the Nordic countries", in Hartmut Walravens ed., *International Newspaper Librarianship for the 21st Century*, Munich: K. G. Saur, 2006, pp. 45-50.

② Herbert F. Schantz, *The History of OCR, Optical Character Recognition*, Boston, MA: Recognition Technologies Users Association, 1982; Stephen V. Rice, George Nagy and Thomas A. Nartker, *Optical Character Recognition: An Illustrated Guide to the Frontier*, New York: Springer Science+Business Media, 1999.

③ ABBYY FineReader, 参见 https://www.abbyy.com/en-eu/finereader/specifications/。

体形状多变，原始印刷材料的差异，以及特定原始资料的多层次扫描过程，包括众多已经数字化的微缩胶片。蒂姆·希区柯克指出，OCR"在应用于近代早期出版物、19世纪廉价印刷品或表格、清单和广告之类的格式复杂资料时，不会产生可靠结果"。[①] 此外，从历史角度来看，资料的质量没有太大变化。在这个意义上，较早的历史资料当然会不如现代资料。例如，在19世纪末，每页往往有六七甚至八列文字。虽然纸张大小增加，但是字体不断缩小，这又让OCR程序难以正确识别文本。排版也是一个问题。与20世纪前流行的老式哥特式（Gothic）排版相比，目前的软件更易识别现代字体。然而，OCR方法正在逐渐适用于历史资料和非欧洲资料，新的解决方案很快就会出现。得克萨斯A&M大学（Texas A&M University）的近代早期OCR项目（early modern OCR Project, eMOP）是一个很好的案例，它提供了一系列富有想象力的方法，说明如何将开源OCR软件和图书史结合起来，提高使用OCR识别近代早期文本的准确性。[②]

　　OCR的一系列缺点意味着数字化的文本库包含大量的数字噪音（digital noise）、误读字符和OCR错误，导致页面搜索永远无法找到所有相关信息。[③]《新加坡商业纪事报》（*Singapore Chronicle and*

47

---

① Tim Hitchcock, "Confronting the digital, or how academic history writing lost the plot", *Cultural and Social History*, 10 (1), 2013, pp. 9-23, 13.

② 近代早期OCR项目，参见 http://emop.tamu.edu/。

③ 关于数字噪音，参见 Johan Jarlbrink and Pelle Snickars, "Cultural heritage as digital noise: Nineteenth century newspapers in the digital archive", *Journal of Documentation*, 73 (6), 2017, pp. 1228-1243; Ryan Cordell, "'Q i-jtb the Raven': Taking dirty OCR seriously", *Book History*, 20 (1), 2017, pp. 188-225。

Commercial Register）的一个例子可以说明上述问题，读者可以在网上查到。① 在新加坡国家图书馆的网站上，读者可以逐条看到该报纸的数字化内容。1827 年 2 月 15 日，《新加坡商业纪事报》发表了一条关于新加坡商业意义的新闻。这段新闻实际上是来自 1826 年 11 月 24 日的加尔各答报纸《约翰牛》（*John Bull*），新闻的开头和结尾都提到了出处。该段新闻的开头如图 2 所示。

48

SINGAPORE.

In fact the commercial advantages of these countries have been greatly exaggerated, especially by Crawfurd: and Singapore itself it is now surmised, is a bubble nearly exploding. *Cal John Bull.*

NOVEMBER 24—" Having read so much about the trade and growing prosperity of this place, I was led to expect a port of great bustle and activity; but, having found from past experience, that

图 2　1827 年 2 月 15 日的《新加坡商业纪事报》。这段数字化内容来自微缩胶卷，由显微成像有限公司（Microform Imaging Ltd.）提供。
图片来源：显微成像有限公司。

　　读者很容易阅读图 2 的文字。然而，这个片段的对应 OCR 文本如下：'SINGAPORE.is ™ bubble nearly Cal John Bull. November 24 -"Hiving r. f d. " "A" the trade and growing prospenty of Uiis place l - was led to expect a port or great bustle ana aetty ty; but, having found from past ex P^'' e, f C, b 5'.

---

　　① 　1827 年 2 月 15 日《新加坡商业纪事报》，参见 http://eresources.nlb.gov.sg.newspapers/Digitised/Article/singchroncicle18270215-1.2.4。

正如我们所见,《约翰·布尔》的前四行只被 OCR 软件部分识别。前三行完全缺失,第四行的"爆炸"一词也是如此。原文中还有一些拼写错误,如"Crawfurd"而不是"Crawford"。OCR 软件产生了更多错误,如"Hiving"而不是"Having","prospenty"而不是"prosperity"。OCR 识别的结果甚至还有完全不属于 19 世纪文本的字符,例如上标缩写 TM,意思是商标,还有一系列也不符合当代语言模式的字符,如"P^&#39"。阅读数字化报纸的研究者熟悉这类历史资料的识别错误。在所有的报纸数据库中都可以找到这类错误片段。从原始资料批判的角度来看,每个查阅数据库的人都必须考虑如下事实:所有查询都是针对 OCR 文本,而不是真正的报纸内容。就《新加坡商业纪事报》而言,这意味着如果检索者搜索短句"Singapore itself it is now surmised",他或她将永远无法找到这段文字,因为 OCR 软件完全忽略了这行字。搜索引擎只能检索到 OCR 文本与原始文本尽可能接近的文字。所有报纸档案中都存在类似问题,但是在检查 OCR 文本和扫描图像的准确性时,结果不尽相同。有的馆藏根本不提供文本,就好像搜索的是扫描图像。同样,也有一些馆藏服务以图像为优先,但是如果读者需要的话,也可以查看 OCR 文本。最典型的网站之一是澳大利亚国家图书馆的报纸馆藏"收藏品"(Trove),它在浏览器的两个窗口中同时显示 OCR 文本和扫描图像。①

49

　　约翰·贾尔布林克(Johan Jarlbrink)和佩莱·斯尼卡(Pelle

────────────

① 澳大利亚国家图书馆的"收藏品"项目,参见 https://trove.nla.gov.au/newspaper/。

Snickars）指出，"数字化数据（如报纸）的创建、存储、处理和格式化方式，自然会影响到作为数字报纸的历史记录如何被访问和使用，以及人们如何探索历史和（重新）讲述历史"。他们进一步强调，错误的数字内容已经是文化遗产的重要部分，除了历史记录之外，馆藏还包括"OCR 生成的数以百万计的被误解词语"，实际上还有数以百万计的被计算机工具重新编辑过的文本。① 瑞安·科德尔（Ryan Cordell）也详细阐述了"被污染的 OCR"（dirty OCR）问题，并建议不要只将其视为研究障碍，而应该将数字化的报纸视为"原始文本的新版本，为数字化后的历史文本和较近的修复数据提供独特见解"。② 可以肯定的是，报纸数据库也是创造数字化报纸的历史进程的一部分。未来的挑战是如何以最好的方式表达数字馆藏的编辑过程，以便使用户看到原始资料的编辑史，包括人工以及算法编辑。最近有许多项目都集中于开发报纸数据库，包括"过去的媒体监测：挖掘 200 年的历史报纸"（Media Monitoring of the Past: Mining 200 Years of Historical Newspapers），该项目由瑞士国家科学基金会资助，③ 还有"新闻之眼：历史报纸的数字调查工具"（NewsEye: A Digital Investigator for Historical Newspapers），由欧盟的"视界 2020 研究和创新计划"资助。④ 然而，面临的主要问题是，确保通常只能

---

① Johan Jarlbrink and Pelle Snickars, "Cultural heritage as digital noise: Nineteenth century newspapers in the digital archive", pp. 1228-1230.

② Ryan Cordell, "'Q i-jtb the Raven': Taking dirty OCR seriously".

③ 关于这个"印刷"项目（The Impresso Project），参见 https://impresso-project. ch/。

④ 《新闻之眼》，参见 https://www.newseye.eu/。

获得几年项目资金资助而开发的工具和指南，能够最大限度地有益于需要长期建设的图书馆和档案馆。

建构报纸数据库的挑战之一（也是所有数字馆藏的挑战）在于，资料分布在不同的图书馆和档案馆中。当然，历史学家有可能逐个查阅数字馆藏，而且有很多例子可以说明这种做法的好处，[①] 但是将数字馆藏整合起来，仍然可以激励研究人员探索跨国联系，并超越地区间的隔阂。"欧洲数字图书馆"（Europeana）项目是将各个国家的数据库整合在一起的最大成果之一，该项目还包括数字化报纸，涵盖了 1618—1996 年间 20 个欧洲国家的资料。[②] 这个项目也有临时资金的问题，但是它清楚地表明了集中资源的好处。"欧洲数字图书馆"允许用户使用关键词和短语来搜索数据库，这确实很费力，原因是各个国家报纸附带的元数据各不相同。另一个努力整合资源的例子是"海洋交流：追踪 1840—1914 年历史报纸数据库中的全球信息网络"（Oceanic Exchanges: Tracing Global Information Networks in Historical Newspaper Repositories, 1840-1914）项目，由瑞安·科德尔主持。该项目将芬兰、德国、墨西哥、荷兰、英国和美国这六个国家的数字化期刊研究人员聚集在一起，研究跨越国家和语言界限的

50

---

① 笔者从事过关于尼科罗·帕格尼尼（Niccolò Paganini）和李斯特·费伦茨（Franz Liszt）的跨国研究，查阅过美国、澳大利亚、奥地利、巴西、英国、荷兰、芬兰、挪威和瑞士的报纸数据库，参见 Hannu Salmi, "Viral virtuosity and the itineraries of celebrity culture", in Asko Nivala, Hannu Salmi and Jukka Sarjala (eds.), *Travelling Notions of Culture in Early Nineteenth-Century Europe*, New York: Routledge, 2016, pp. 135-153。

② "欧洲数字图书馆"报纸馆藏，参见 https://www.europeana.eu/portal/fi/collections/newspapers。

信息流动模式。① 该项目还为每个国家制作了数据描述，包括收藏史和元数据质量的信息。② 到目前为止，该项目的主要成果之一是观察到元数据架构中的差异。尽管如此，由梅乐迪·贝尔斯（Melodee Beals）和项目组制作的复杂图表可能为上述数据将来的整合提供一个路径。③

上述关于文本档案的讨论只涉及数据库允许通过页面搜索的基本情况。对于历史学家来说，使用搜索页面是非常重要的，然而为了进一步使用数字方法分析材料，还必须能够下载数据，诸如数据转储（data dump）——包括 OCR 文本和元数据，通常是遵循国际 XML 标准的 METS 和 ALTO 格式。④ 在数据转储中，所有的文件都是打包的，这样就可以便捷地从一个地方传输到另一个地方。软件包被解压后，通常包括各卷和各期报纸的文件夹。一旦研究人员下载了软件包，就可以采用更先进的数据挖掘工具，真正从大数据的优势中获益。从测试数据转储的角度来看，卢森堡国家图书馆提供

---

① "海洋交流：追踪 1840—1914 年历史报纸数据库中的全球信息网络"项目，参见 https://oceanicexchange.org/. DOI 10.17605/OSF.IO/WA94S。

② 更多信息，参见 https://oceanicexchanges.org/news/。

③ 参见第六张幻灯片，M. H. Beals, *Oceanic Exchanges: Building a Transnational Understanding of Digitised Newspapers*, Loughborough University。(https://orcid.org/0000-0002-2907-3313.) 也可参见 M. H. Beals and Emily Bell, with contributions by Ryan Cordell, Paul Fyfe, Isabel Galina Russell, Tessa Hauswedell, Clemens Neudecker, Julianne Nyhan, Sebastian Padó, Miriam Peña Pimentel, Mila Oiva, Lara Rose, Hannu Salmi, Melissa Terras and Lorella Viola, *The Atlas of Digitised Newspapers and Metadata: Reports from Oceanic Exchanges,* Loughborough, 2020。DOI: 10.6084/m9.figshare.11560059.

④ 除了各个数据转储，如果可获取的话，必要的数据可以通过应用程序界面（Application Programming Interface, API）获得，或者从界面获取 XML 文件。

了一个很好的网站，除了几百 GB 的大数据集之外，还包括测试包。　51
最小的转储只有 250MB，它包含 1868 年卢森堡报纸《德伟施夫拉》
（*D'Wäschfra*）五天的内容。一旦用户下载并解压转储文件，就会
发现五个文件夹，每天一个文件夹。每个文件夹都包括 PDF 文件和
XML 文件。转储文件中还包括四个文件夹。图像文件夹包括每一页
的高分辨率 TIFF 图像，PDF 文件夹包括每一页的 PDF 文件，文本
文件夹由每一页的 JPG 文件的较小图像组成。① 因此，转储作为一
项服务，包括每一期的 PDF 或 XML 文件，根据研究者的兴趣，转
储也可以使用单独的页面文件。

　　虽然前文文本大数据的例子来自期刊出版社，但是确实有很多
其他文本集也可以纳入大数据的范畴。第一章介绍了一部分内容，
比如古腾堡计划提供的多语言书架，还有世界各地的在线电子书收
藏、互联网的原生数字内容、数字化的口述历史记录等等。一个耐
人寻味的挑战是在未来整合这些独立的数字收藏，提出超越不同文
本体裁的研究问题。这仍有待于挖掘。此外，如今文本数据的问题
并不仅仅指数字化印刷资料或原生数字内容，手写资料也迅速登上
数字史学学家的议程。手写文本识别（handwritten text recognition,
HTR）在过去几年发展迅速，识别效果也在不断改进。某些情况下，
使用 HTR 比 OCR 更能准确地识别印刷资料。HTR 领域有数个项目
可供人们选择。最具挑战性的项目之一是 Transkribus，由奥地利因
斯布鲁克大学（University of Innsbruck）开发，欧盟委员会资助，是

---

① 卢森堡国家图书馆的开放数据，参见 https://data.bnl.lu/data/historical-newspapers/。

2016—2019 年"H2020 Project READ"的一部分。用户通过提供给 Transkribus 一系列历史文献的样例，来教授 Transkribus 识读文献。随着更多识读训练材料的输入，这些信息再次帮助开发人员进一步提高软件性能。① 阿姆斯特丹城市档案馆已经在其 HTR 项目中使用了 Transkribus。在最好的情况下，HTR 的错误率只有 6%。②

52

远距离阅读技术

如上所述，数字史学学家可以采用许多文本语料库。本节将再次讨论阅读。如果研究者必须阅读数百万字，甚至更多字数，那么阅读意味着什么，会带来什么？在这种情况下，阐释如何才能通过阅读实现？

阅读总是涉及阐释，远距离阅读也是如此，并非与人类的阐释对立。相反，人们仅仅可以说，远距离阅读将阅读分为不同的过程：例如，机器阅读可以完成对文本的识别、组织和结构分析，而人类则阐释这一过程，具体来说，阐释者就是研究者。人类的阐释过程也可以由计算机辅助或由人工智能完成。

在当今的数字人文学科和数字史学中，远距离阅读并不是指任何单一的阅读方式或任何一套连贯的方法论。近几十年来，人们已经提出许多大数据的解决方案。大数据解决方案的历史比远距离阅

---

① 关于 Transkribus，参见 https://transkribus.eu/Transkribus/。

② "Crowdsourcing with Transkribus at Amsterdam City Archives", 14 March 2019. (https://read.transkribus.eu/2019/03/14/crowdsourcing-transkribus-amsterdam/)

读还长，它们并不是为了回应远距离阅读的理念。然而，大数据的解决方案显然在人文学科研究者的方法论中占据更大分量，成为处理大型数据集的方法。

　　主题建模是一种统计方法，用于研究一系列文献中的基本结构。[①] 主题建模中的"主题"（topic）是指数据中常常出现的一组词。因为主题的数量最终是研究者使用算法的结果，所以主题建模是一个开放式的过程。[②] 最常见的统计模型是隐含狄利克雷分布（Latent Dirichlet Allocation, LDA），由大卫·布莱（David Blei）、吴恩达（Andrew Ng）和迈克尔·I. 乔丹（Michael I. Jordan）于 2002 年提出。[③] 也有一些易于使用的软件程序，如用于主题建模的 Mallet。[④] 其主要出发点是研究人员拥有的数据越多，主题建模工具就越有用，可以用于组织数据，发现哪些词常常一起出现，再确定主题。主题建模对于没有注释的非结构化文本很有用，这些注释可以帮助计算机解释语义。重要的是，不要把主题和话题（themes）混为一谈，也不要把这两者看成是相同的。例如，一个文本可能有固定数量的

53

---

① Jordan Boyd-Graber, David Mimno and David Newman, "Care and feeding of topic models", in Edoardo M. Airoldi, David Blei, Elena A. Erosheva and Stephen E. Fienberg (eds.), *Handbook of Mixed Membership Models and Their Applications*, Boca Raton, FL: CRC Press, 2015, p. 226.

② Ted Underwood, "Algorithmic modeling. Or, modeling data we do not understand", in Julia Flanders and Fotis Jannidis (eds.), *The Shape of Data in Digital Humanities: Modeling Texts and Text-based Resources*, Abingdon, Oxon: Routledge, 2019.

③ David Blei, Andrew Ng and Michael I. Jordan, "Latent Dirichlet allocation", *The Journal of Machine Learning Research*, 3, 2013, pp. 993-1022.

④ MALLET: A Machine Learning for Language Toolkit, 参见 http://mallet.cs.umass.edu。

话题，可以通过细读来发现这一点。然而，在主题建模中，算法找到的主题数量与研究者在程序设置中给出的数量相同。如果数量太多，主题可能会被分散，这让语义解释变得困难。在实践中，研究者必须努力为研究分析找到最有效的主题数量。①

在历史研究中使用主题建模的例子数不胜数。2011 年，杨子怡（Tze-I Yang）、安德鲁·托尔格（Andrew J. Torget）和拉达·米哈尔恰（Rada Mihalcea）使用历史报纸作为数据集来实验主题建模。他们分析了 1829 年至 2008 年在得克萨斯州发表的论文，检视了超过 230,000 页论文，这已经是一个可观的数据集合。他们将材料分为四个子组，用于测试主题建模，并在分析前对数据进行了预处理。在这个过程中，所谓的停用词也必须被识别。停用词指代词一类的常用词，在运行算法之前必须被删除，以便得到更有效的结果。最后，研究人员能够从大量关于得克萨斯历史的数据中提取有历史意义的主题，但是他们也面临着光学字符识别中的识读错误问题。② 如果 OCR 有误，就意味着有很多拼写不全或错误的单词，导致混乱的

---

①   Shawn Graham, Scott Weingart and Ian Milligan, "Getting started with topic modeling and MALLET", *The Programming Historian*, 2 September 2012. (https://programminghistorian.org/en/lessons/topic-modeling-and-mallet)

②   Tze-I Yang, Andrew J. Torget and Rada Mihalcea, "Topic modeling on historical newspapers", *Proceedings of the 5th ACL-HLT Workshop on Language Technology for Cultural Heritage, Social Sciences, and Humanities Portland, OR*, Association for Computational Linguistics, 2011, pp. 96-104. (https://www.aclweb.org/anthology/W11-1513)

结果。尽管如此，这项研究以及其他案例研究①揭示了诸如主题建模的统计学分析潜力，有助于组织数据和注入语义。

　　主题建模只是远距离阅读的一种。莫雷蒂本人强调视觉技术，或者如他所说——"图表、地图和树状结构"。他想通过图表来实现历史小说体裁变化的可视化，用地图来说明小说的地理方位，用树状结构来表示不同类型故事的分类。②2015 年，杰尼克（Jänicke）等人在对数字人文中不同的细读和远读技术分类时，除了"图表、地图和树状结构"之外，还确定了远距离阅读的其他类别，如结构概览、热图（heat maps）、标签云和时间线。他们还试图找出结合细读和远读的策略，也就是让大数据的使用者在阐释结果的过程中，还可以返回到小数据甚至是单个文件。③

　　远距离阅读的范围在"编程的历史学家"（The Programming Historia）上有进一步说明，这个网站一直旨在鼓励历史学家自学计算机方法。④这个"新手友好"的网站包括用英文、法文和西班牙文编写的同行评议教程。截至 2020 年 5 月，"编程的历史学家"英

54

---

　　①　David J. Newman and Sharon Block, "Probabilistic topic decomposition of an eighteenth-century American newspaper", *Journal of the American Society for Information Science and Technology,* 18 (1), 2006, pp. 753-767; David Mimno, "Computational historiography: Data mining in a century of classics journals", *Journal on Computing and Cultural Heritage*, 5 (1), 2012, pp. 1-19; Lino Werheim, "Economic history goes digital: Topic modeling the Journal of Economic History", BGPE Discussion Paper Series, Bavarian Graduate Program in Humanities, 2017, p. 177. (http://bgpe.de/texte/DP/177_Wehrheim.pdf)

　　②　Jänicke et al., "On close and distant reading in digital humanities".

　　③　Ibid.

　　④　"编程的历史学家"，参见 https://programminghistorian.org/。

文网站拥有 82 个各种主题的课程，如 Mallet 的使用，也包括更高级的课程，如使用 R 语言处理和管理数据，或使用 Python 分析文体计量学，也就是分析文体。在"远距离阅读"的标题下，网站有 11 个教程，这些主题表明哪种方法在运行初期与远距离阅读技术有关。除了数据整理、文体计量学和主题建模之外，还包括用 AntConc 软件进行语料库分析，以及介绍一个叫作 MySQL 的数据库来存储和过滤数据。还有情感分析，用于量化分析文本或语料库内积极或消极的用词。[①] 远距离阅读方法的清单还可以补充更多内容。莫雷蒂本人对莎士比亚戏剧的角色网络（networks）特别感兴趣。[②] "编程的历史学家"为研究者自学网络分析提供了不少课程。[③] 肖恩·格雷厄姆（Shawn Graham）、伊恩·米利根（Ian Milligan）和斯科特·温格特（Scott Weingart）在 2016 年的指南《探索历史大数据：历史学家的宏观视角》中，不仅介绍了远距离阅读技术，还介绍了网络分析。[④]

远距离阅读最活跃的领域之一是对文本再利用的研究，它可以包括准确的引用，也涵盖有意或无意的借用和转述。[⑤] 当然，重复和

---

① 关于各种远距离阅读的进一步信息，参见"编程的历史学家"（https://programminghistorian.org/en/lessons/?topic=distant-reading）。

② Franco Moretti, *Distant Reading*, London: Verso, 2013, pp. 214-222.

③ 关于网络分析的进一步信息，参见"编程的历史学家"（https://programminghistorian.org/en/lessons/?topic=network-analysis）。

④ Graham et al., *Exploring Big Historical Data*, pp. 195-234.

⑤ 参见马克·布克勒（Marco Büchler）制作的图表，G. Franzini, E. Franzini and M. Büchler, *Historical Text Reuse: What Is It?*, 2016。（http://www.etrap.eu/historical-text-re-use/）

复制的段落可以通过细读来识别，几个世纪的神学家、历史学家、文学家和其他人文研究者都已经在做诸如此类的事情。文本的数量越多，使用数字方法就越有利。如今，我们有可能在庞大的语料库中检测出相似性，比如数百万报纸页面的数据转储。在这个领域，远距离阅读有助于通过算法识别语料库中隐含的关系，这又让研究者能够细读，例如细读重复的媒体内容之间的关联。算法解决方案基于检测类似的字符串，能够包容 OCR 错误和其他形式的识别错误，也基于定位词的序列以及词语如何一起出现。

55

　　近年来，有许多关于文本再利用的杰出项目。林肯·穆伦（Lincoln Mullen）分析了美国报纸中的《圣经》引文 ①；马可·布克勒（Marco Büchler）、格雷戈里·克兰（Gregory Crane）、玛丽亚·莫里茨（Maria Moritz）和艾莉森·巴布（Alison Babeu）研究了荷马史诗引文如何出现在古代文本中 ②；"知识、信息技术和阿拉伯书籍"（Knowledge, Information Technology and the Arabic Book, KITAB）项目探讨了 700—1500 年阿拉伯文本语料库中的文本再利用。③ 最雄心勃勃的项目或许是由瑞安·科德尔和大卫·A. 史密斯（David A.

----

① Lincoln Mullen, *America's Public Bible: Biblical quotations in US newspapers*, 2016. (http://americaspublicbible.org/)

② Marco Büchler, Gregory Crane, Maria Moritz and Alison Babeu, "Increasing recall for text re-use in historical documents to support research in the humanities", in P. Zaphiris ed., *Theory and Practice of Digital Libraries: Proceedings of the Second International Conference on Theory and Practice of Digital Libraries,* Berlin: Springer Verlag, 2012, pp. 95-100. 关于文本再利用，也可参见 G. Franzini, E. Franzini and M. Büchler, *Historical Text Reuse: What Is It?*, 2016。(http://www. etrap.eu/historical-text-re-use/)

③ 关于 KITAB 项目，参见 http://kitab-project-org/text-reuse-methods/。

Smith）主持的"病毒文本"（Viral Texts）项目，该项目旨在分析 19 世纪美国报刊中的文本再利用。[1] 该项目已经扩大到全球范围，汇集了来自芬兰、德国、墨西哥、荷兰、英国和美国的研究人员，以探索信息的跨国和跨洲流动。[2]

文本再利用的文化有许多历史影响，可以饶有趣味地说明过去的重复性。只有通过远距离阅读才能彰显这一点。在芬兰的一个文本再利用项目中，我们有可能挖掘出从当地报纸业务诞生到 1920 年的所有已出版报纸和期刊，共计 510 万页。最终，我们发现了 1380 万个文本再利用的语料集。大多数重复使用文字的案例发生在一年之内，但是有超过 200 万个语料集持续了更长时间。令人惊讶的是，也有缓慢的重复过程，最长的文本再利用案例几乎和项目的时间跨度一样长。[3] 这种长时段视角显示了利用计算机处理数据的好处。

远距离阅读，或者计算机辅助的细读，意味着历史学家必须使

① David A. Smith, Ryan Cordell and Elizabeth Maddock Dillon, "Infectious texts: Modeling text reuse in nineteenth-century newspapers", *IEEE International Conference on Big Data*, Silicon Valley, 6-9 October 2013, pp. 86-94; Ryan Cordell, "Viral textuality in nineteenth-century US newspaper exchanges", in Veronica Alfano and Andrew Stauffer (eds.), *Virtual Victorians: Networks, Connections, Technologies,* New York: Palgrave Macmillan, 2015, p. 34.

② 进一步信息，参见 *Oceanic Exchanges: Tracing Global Information Networks in Historical Newspaper Repositories, 1840-1914*。(https://oceanicexchanges.org/.) 关于项目的结果，参见 Mila Oiva, Asko Nivala, Hannu Salmi, Otto Latva, Marja Jalava, Jana Keck, Laura Martínez Domínguez and James Parker, "Spreading news in 1904: The media coverage of Nikolay Bobrikov's shooting", *Media History,* 2019。DOI: https://doi.org/10.1080/13688804.2019.1652090。

③ Hannu Salmi, Heli Rantala, Aleksi Vesanto and Filip Ginter, "The long-term reuse of text in the Finnish press, 1771-1920", in *Proceedings of the 4th Digital Humanities in the Nordic Countries, Copenhagen, Denmark, 6-8 March 2019*, Copenhagen: University of Copenhagen, pp. 394-404. (http://ceur-ws.org/Vol-2364/36_paper.pdf)

用一种或多种计算机技术。"编程的历史学家"和近期的许多指南都 56
为此铺平了道路，它们传播了关于实用方法论和背后必要的计算图
表知识和技巧。①

　　我们在上文指出，文本资料在数字人文中的主导作用正面临着
越来越多的批评，正如数字史学受到的批评。在下一章我们将仔细
讨论视觉和音像资料，在此之前，值得提及的是，文本性和视觉性
之间所谓的二元对立是相当具有误导性的，两者之间没有严格的界
限。文本包括图像，图像也包括文本。如今，互联网文本往往包括
声音和视觉信息。而且，文本和图像都可以被认为是过去的物质遗
存。文本不是一个抽象的字符顺序，借用布鲁诺·拉图尔（Bruno
Latour）的观点，文本总是被刻在实体上，诸如石头或大理石，纸张
或硬盘上。② 文本是有尺寸的物质实体。印刷文本表现为对开本和八
开本，表现为大报和小报。人们在将文本视为大数据时，必须认真考
虑元文本，因为它能让人们直接感受到文本的物质性。最近，元数据
被成功地用于书籍史研究，理解书籍在过去如何作为具体的人工制品
流通，这一点至关重要。③ 未来，文本的物质表现可能会成为联结文
本的量化数据与文本内容研究的途径，从而影响读者的想象力。

---

① 除了"编程的历史学家"，也可参见 Graham et al., *Exploring Big Historical Data*; M. H.
Beals, *Digital History: An Introductory Guide*, London: Bloomsbury Academic, 2016。

② 关于拉图尔和文本的物质性，参见 Kristin Asdal and Helge Jordheim, "Texts on the
move: Textuality and historicity revisited", *History and Theory*, 57 (1), 2018, pp. 56-74。

③ Leo Lahti, Jani Marjanen, Hege Roivainen and Mikko Tolonen, "Bibliographic data science
and the history of the book (c. 1500-1800)", *Cataloging and Classification Quarterly*, 57 (1), 2019,
pp. 5-23.

第三章

图绘和检视历史

因为大规模的数字化项目近些年才起步，所以在数字史学的早期阶段，即 20 世纪 90 年代，地图尤其引人注意，或许比前一章讨论的文本材料更让研究者感兴趣。1993 年，弗吉尼亚大学（University of Virginia）的威廉·G. 托马斯（William G. Thomas）和爱德华·L. 艾尔斯（Edward L. Ayers）启动了一个关于美国内战的项目——"阴影谷"（The Valley of the Shadow），该项目汇集美国南方和北方士兵的经历。"阴影谷"项目在网上公布了历史文件，包括信件、日记、图片、报纸、教堂记录、人口普查记录、税收记录、统计数据，当然还有地图。美国内战前的材料包括与所选县（弗吉尼亚州的奥古斯塔县和宾夕法尼亚州的富兰克林县）的地理、基础设施、农业、政治、宗教和奴隶制有关的地图。这些不仅仅是对已有可视化资料的数字化，也是项目的一部分，由项目成员制作，供人们在线使用。①

视觉资料一开始就是数字史学的核心，而地图则是可视化档案

---

① 关于"阴影谷"项目，参见 http://valley.lib.virginia.edu/VoS/maps4.html。

数据和建立比较点的基本要素。接下来，本章将继续讨论作为资料和历史阐释的地图，讨论起点是所谓的空间转向。本章还选择了另外三个讨论主题：视觉资料比重的增加，包括远距离观看历史的理念；视听资料多模态分析（multimodal analysis）的最新进展，以及对图像史学和视听史学进行元数据描述的可能性。

作为数字资料的地图

历史学家一直强调空间和空间性的意义。在对过去的研究中，地点与时间同样重要。举例来看，空间涉及地点（如城市和村庄）、自然地标（如河流、山脉或海洋）以及自然和政治的边界。除了地图之外，人们还通过一系列资料来研究空间性，从建筑计划、景观图像到旅行记事和小说中的口头描述。历史学家也对空间的意义展开过理论研究，如弗雷德里克·杰克逊·特纳（Frederick Jackson Turner）1893 年的著名论文《美国历史中边疆的重要性》（"The Significance of the Frontier in American History"）和费尔南·布罗代尔 1949 年的经典著作《地中海与菲利普二世时代的地中海世界》。

人文和社会科学中所谓的空间转向源于这种对空间和地点的持久兴趣 ①，但是在 20 世纪 90 年代，空间转向真正进入了学界的视野。根据多丽丝·巴赫曼 – 梅迪克（Doris Bachmann-Medick）的说法，空间转向受到 20 世纪 80 年代和 90 年代之交冷战结束的启发。随着东方和西方政治两极阵营的终结，出现了重新绘制全球秩序地

---

① Jo Guldi, *What is the Spatial Turn?*, 2011. (https://spatial.scholarslab.org/spatial-turn/.)

图的需要，人们需要超越以往的安全战略，理解跨区域流动将如何改变想象世界的方式。① 爱德华·W. 索亚（Edward W. Soja）的《后现代地理学》（*Postmodern Geographies*）是 1989 年的一本开创性著作，随后索亚在 1996 年出版了《第三空间》（*Thirdspace*）。很快，空间转向影响了众多研究领域，包括人类学、考古学、地理学、性别研究和历史学。② 对于数字史学学家来说，意识到上述背景是很重要的。当然，空间性及其数字研究方法与同时期出现的地理空间信息的发展密切相关，可以说是多学科合作的结果。

本书第一章中描述的历史资料数字化也包括地图。如今，许多国家和国际的数字化地图收藏既能使用计算机工具也能使用更传统的方法来开展研究。③ 丹麦皇家图书馆在 1997 年已经开始扫描馆藏的地图。一开始，图书馆的想法是制作索引地图来展示馆藏，并提高馆藏的可使用性。图书馆的另一个动机是应对难以处理的超大地

59

---

① Doris Bachmann-Medick, *Cultural Turns: New Orientations in the Study of Culture*, Berlin: De Gruyter, 2016, pp. 211-213.

② Asko Nivala, Hannu Salmi and Jukka Sarjala, "Introduction", in Asko Nivala, Hannu Salmi and Jukka Sarjala (eds.), *Travelling Notions of Culture in Early Nineteenth-Century Europe*, New York: Routledge, 2016, pp. 4-5.

③ 休斯顿大学（University of Houston）数字史学的历史地图链接，参见 http://www.digitalhistory.uh.edu/maps/maps.cfm; 剑桥大学图书馆的数字地图，参见 https://www.lib.cam.ac.uk/collections/departments/maps/digital-maps; A. Lenschau-Teglers and V. G. Ronsberg, "Digitised maps in the Danish map collection", *LIBER Quarterly*, 15 (1), 2005, DOI: http://doi.org/10.18352/lq.7801; José Borbinha, Gilberto Pedrosa, João Gil, Bruno Martins, Nuno Freire, Milena Dobreva and Alberto Wyttenbach, "Digital libraries and digitised maps: An early overview of the DIGMAP project", in D. H. L. Goh, T. H. Cao, I. T. Solvberg and E. Easmussen (eds.), *Asian Digital Libraries, Looking Back 10 Years and Forging New Frontiers*, ICADL 2007, *Lectures Notes in Computer Science*, Vol. 4822, Berlin: Springer, 2007。

图带来的挑战。当然，资料的保存问题也至关重要，因为使用数字副本可以不破坏原件。自 2003 年以来，丹麦皇家图书馆通过互联网展示珍稀地图。① 如今，阿根廷国家图书馆的网站有 1122 幅可下载的历史地图，数字馆藏中不仅有较早的地图，还有大量 20 世纪的资料。② 目前，规模最大的历史地图、平面图（plans）和视图（views）收藏之一，由 450 万件展品组成，位于英国国家图书馆。该收藏不仅包括扫描后的地图，还包括地理空间数据、制图应用和数字航空照片，特点是既有数字化内容，也有原生数字化内容。③ 该收藏的藏品年代跨越两千年，以乔治三世国王的地形和海洋藏品（King George III Topographical and Maritime）为例，我们就可以想见其规模，仅仅是该藏品就包括"世界各地的 30000—40000 份印刷和手绘地图、平面图和视图"。④ 然而，并不是所有地图都是二维的，大英图书馆还拥有数百个地球仪和天体仪，属于三维物质艺术品。⑤

　　作为资料的地图是层次分明的文化艺术品，包括数字、文本、符号和图像。历史研究借鉴了地图资料，地图可以成为细读和图像分析的对象，也可以通过对视觉概念或文本内容的计算研究，用于远距离阅读。地图是物理世界的展示，它们也构建了人类所知的世界。人们必须在最初制作地图的背景下理解历史地图，诸如测量和

---

　　① Lenschau-Teglers and Ronsberg, "Digitised maps in the Danish map collection"；丹麦皇家图书馆的地区馆藏，参见 http://www5.kb.dk/en/nb/samling/ks/index.html。

　　② 阿根廷国家图书馆的数字地图馆藏，参见 https://catalogo.bn.gov.ar。

　　③ 英国国家图书馆的数字地图，参见 https://www.bl.uk/collection-guides/digital-mapping。

　　④ 英国国家图书馆的地图页面，参见 https://www.bl.uk/subjects/maps。

　　⑤ 英国国家图书馆的地球仪页面，参见 https://www.bl.uk/collection-guides/globes。

表示距离的方式，以及如何汇总地图数据。当然，制作地图的动机 60
和用途也影响着对地图资料的解释。因为地图通常只用两个维度来
捕捉三维的世界，所以地图具有极强的象征性。在《探索历史大数
据》一书中，肖恩·格雷厄姆、伊恩·米利根和斯科特·温加特指
出，"地图展现的看似简单的象征性却充满了困难的选择，因为将二
维坐标铺设在 3D 世界意味着要围绕使用何种地图投影（projection）
做出复杂选择"。[①] 他们指出，尽管非洲实际上比格陵兰岛大 14 倍，
但在作为谷歌地图基础的墨卡托投影（Mercator）中，二者看起来几
乎面积相同。[②]

　　如今的地图投影方式在解决 2D/3D 转换问题上有所不同，还
有其他因素影响着古老地图对物理世界的投影方式。在过去，地图
也掺杂着想象。由于海岸线和河床一类的环境特征可能会随着时间
的推移而转变，因此，人们将历史地图还原为地形图并不总是可行
的。研究人员必须估计历史地图与现代地图匹配的可能性，并确定
这是否符合学术研究的目的。如果符合，研究人员要做的下一步就
是尝试确定历史地图与现代参考地图中经纬度相对应的点（这一过
程称为**配准**）。自 20 世纪 80 年代以来，地理信息系统（Geographical
Information Systems, GIS）提供了管理地理信息的工具。GIS 通过提
取历史地图的信息，并与其他 GIS 数据和数据集进行对比和分析，

---

① Granham et al., *Exploring Big Historical Data*, p. 172.

② Ibid.

让使用历史地图成为可能。① 纽约公共图书馆收藏的 11000 多幅经过配准的历史地图可供用户公开查阅。②

作为历史阐释的地图

历史地图（实际上是任何资料）的使用取决于研究的问题。配准有时并不是一种选择，例如在没有真正的历史地图的情况下。其他可能的地形和地理信息资料可以进一步处理成数字地图，提供一种历史阐释。历史学家哈里·基斯吉尼（Harri Kiiskinen）在研究罗马伊特鲁里亚（Etruria）的陶器生产和贸易时利用了地理信息系统。他为了了解贸易路线，试图确定两千年前伊特鲁里亚的哪些河流可以通航。除了考古和历史证据之外，这项工作还使用了数字地形模型，来自美国宇航局航天飞机雷达地形图（NASA's Shuttle Radar Topography Mission）的地形数据。基斯吉尼用这些数据重建了伊特鲁里亚的河网。③ 在历史学家基斯吉尼的研究中，数字地图服务于学术研究，表达了一个重要的历史观点。

---

① Anne Kelly Knowles, "GIS and history", in Anne Kelly Knowles ed., *Placing History: How Maps, Spatial Data, and GIS are Changing Historical Scholarship*, Redlands, CA: ESRI Press, 2008, p. 12.

② 纽约公共图书馆的地图变形器（NYPL Map Warper），参见 http://maps.nypl.org/warper/maps?show_warped=1。也可参见林肯·马伦（Lincoln Mullen）的数字地图使用指导：Lincoln Mullen, *Introduction to Spatial History and Mapping: Doing Digital History.* (https://lincolnmullen.com/files/downloads/pdf/spatial-history.doing-dh.pdf)

③ Harri Kiiskinen, *Production and Trade of Etrurian Terra Sigillata Pottery in Roman Etruria and Beyond between c. 50 BCE and c. 150 CE*, Turku: University of Turku, 2013, p. 64, 80. (http://urn.fi/URN:ISBN:978-951-29-5400-1)

61

在地理信息系统和数字人文的时代到来之前，地图已经被用来对历史大数据进行可视化展示。法国土木工程师查尔斯－约瑟夫·米纳德（Charles-Joseph Minard, 1781—1870）因其制作的信息图和地图而出名，他的作品是典型的例子。[①] 米纳德最出名的作品诞生于 1869 年，是描述拿破仑 1812 年远征俄国的地图。地图中有战役走向的地理定位，还融入了从部队数量到气温等其他信息元素。[②] 该地图清楚地显示了拿破仑军队在从俄国边境向莫斯科行进过程中遭受的苦难。米纳德还捕捉到了他同时代的现象，例如全球范围内的移民运动。19 世纪与当下类似，其时代特点是新技术提供的数据突然变得丰富，如高速印刷机、铁路和电报。[③] 如今，米纳德通常被认为是所谓**流程图**（flow maps）的发明者。1845 年，他受关于铁路连接讨论的启发，制作了一张地图，展示乘客在第戎（Dijon）和牟罗兹（Mulhouse）之间的公路路线上的流动情况。[④]

　　19 世纪的统计学对我们如何将信息可视化产生了显著影响。格雷厄姆、米利根和温格特提到了英国医生约翰·斯诺（John Snow, 1813—1858）使用的**点状密度图**（the dot dentisy map），他利用统

[①] Sandra Rendgen, *The Minard System: The Complete Statistical Graphics of Charles-Joseph Minard from the Collection of the École nationale des ponts et chausses,* New York: Princeton Architectural Press, 2018.

[②] 关于米纳德的地图，参见 Asko Nivala, "Catastrophic revolution and the rise of romantic Bildung", in Asko Nivala, Hannu Salmi and Jukka Sarjala (eds.), *Travelling Notions of Culture in Early Nineteenth-Century Europe,* New York: Routledge, 2016, p. 25。

[③] Sandra Rendgen, *The Minard System: The Complete Statistical Graphics of Charles-Joseph Minard from the Collection of the École nationale des ponts et chausses,* pp. 7-8.

[④] Ibid., pp. 40-41.

计方法揭示了受污染的水和霍乱之间的相关性。斯诺在地图上用一个点标记伦敦每个霍乱病例的位置，表明许多病例发生在水泵周围。①

62　　尽管认识数字地图的起源很重要，但是数字技术显然为地图、绘图和数据可视化提供了新路径。数字地图可以放大和缩小，因此它们可以作为各种历史资料的数据积累平台。例如，一张城市地图可以为用户提供历史地点的文本信息和图像。同时，它也可以成为同时呈现不同研究结果的工具。米纳德在信息图中就是这么做的，不过数字地图并不像二维世界那样混乱不清。虚拟地图可以代表第三维度，从而为可视化历史提供一个更广泛的视角。

从视觉资料到远距离观看

到目前为止，本章已经讨论了地图和绘图，自 20 世纪 90 年代以来，它们一直处于数字史学的核心。本章接下来要讨论的是来自过去的视觉资料，以及它们如何促进和改变我们对历史的理解。如今，数字史学学家可以获得手稿插图、照片、海报和艺术作品，然而，馆藏资料的数字化率各不相同，有时可供免费使用，有时只能有限使用。由于各种原因，免费使用和限制使用之间的界限也不尽相同。例如，版权问题影响了图像的可用性。在博物馆藏品中，版权持有人不仅是艺术家，也是制作数字复制品的照相师。

最著名的提供视觉资料的案例之一是位于阿姆斯特丹的国家博

---

① Graham et al., *Exploring Big Historical Data*, p. 173.

物馆（Rijksmuseum）。身为荷兰的国家博物馆，它拥有超过 100 万件藏品，包括 2000 幅绘画。2012 年，荷兰国家博物馆开启了一个非同寻常的项目，每年提供 12.5 万张高分辨率图片，直到所有藏品都上线。用户可以通过博物馆自身的工作室（Rijksstudio）浏览图像，观看、剪辑图像，也可用于研究和其他目的。在本书撰写过程中（截至 2020 年 5 月），荷兰国家博物馆工作室提供的高分辨率图像多达676,693 张。[1] 该项目收藏是一个可观的资料窗口，不仅可以让人们了解荷兰的过去，也可以了解艺术通史。

63

访问权限有限的收藏品对研究也很有用，它们的元数据通常可以在网上找到。"RMN 照片"（RMN Photo）就是典型的例子。RMN 指法国的组织——国家博物馆联合会（Réunion des musées nationaux），它是法国艺术馆和博物馆的联合组织。如今，"RMN 照片"还包括外国画廊的藏品，如马德里的西班牙国家艺术博物馆（Prado）和爱丁堡的苏格兰国家美术馆。[2] "RMN 照片"的数据库包括小型预览图片，允许用户提前观看收藏品，或按关键词搜索。"RMN 照片"拥有可观的藏品：用户搜索关键词"树"（arbre），可以得到超过 22,000 张各种树木的图片，涵盖从中世纪到现在的绘画、素描、照片、雕像和其他种类的物品，其中包括 19 世纪的 1400多幅绘画。

除了"RMN 照片"和阿姆斯特丹的荷兰国家博物馆之外，许多

---

① 阿姆斯特丹的荷兰国家博物馆，参见 https://www.rijksmuseum.nl/。

② "RMN 照片"的更多信息，参见 https://www.photo.rn.fr/Collections。

国家和国际的图像收藏都实现了数字化。世界各地的国家图书馆已经将文物和图像数字化，从"美国记忆"项目到"欧洲数字图书馆"，一系列文化遗产项目向用户提供视觉资料。"欧洲数字图书馆"包含跨国收藏，如第一次世界大战的新闻短片、明信片和信件，仅电影收藏就多达 2726 部，可以说是关于世界大战最全面的电影收藏之一。[①] 显然，视觉资料为研究提供了不同于文本材料的前提和条件，也为数字史学学家提供了更多可能性。

在列夫·马诺维奇（Lev Manovich）的研究实验室"软件研究倡议"（Software Studies Initiative）中，他和团队处理了大量的图像和视频藏品，包括法国印象派画家的 6000 幅绘画和现代艺术博物馆摄影收藏中的 20,000 张照片。从历史的角度来看，印象派的图像收藏很全面，展示了 1874—1886 年间印象派展览展出的约一半油画和粉彩画（pastel）。"软件研究倡议"的实验始于从数据集中提取特定特征的想法，事实上是提取 200 个特征，包括"颜色特征、明暗对比、形状、纹理和构图"。[②] 然后，研究人员通过计算将上述特征缩减到一个较小的维度，以便能够把图像分组，从而从远处将它们视为一个整体来观看。最后，研究人员发现，通常被认为与印象派有关的、色调较浅的图像类型在数据集中占据较小比重。马诺维奇写道："至少有一半的图像呈现出相当传统的、更典型的 19 世纪古典

---

① 欧洲数字图书馆：1914—1918 年，参见 https://www.europeana.eu/portal/fi/collections/world-war-I。

② Lev Manovich, "Data science and digital art history", *International Journal for Digital Art History*, 1, 2015, pp. 13-35, 33.

绘画风格（较暗的色调和温暖的颜色）。"①

马诺维奇在 2015 年发表的《数据科学和数字艺术史》（"Data Science and Digital Art History"）一文中介绍了上述实验。该文的实际目的是阐明大型图像集研究的基本观念——借鉴数据科学，特别是考虑提取诸如平均亮度和饱和度等图像特征，能够为大型数据集图像的数字分析提供何种借鉴。2019 年，泰勒·阿诺德（Taylor Arnold）和劳伦·蒂尔顿（Lauren Tilton）特别强调所谓的**远距离观看**（distant viewing）：

> 我们认为，数字人文应该考虑我们称之为"远距离观看"的方法论和理论框架，以研究大量的视觉材料。远距离观看与其他方法的区别在于明确了从图像中提取语义元数据的阐释性质。换句话说，人们在研究视觉材料之前必须"观看"（view）它们。我们将观看定义为一个人或一个模型所采取的阐释行为，由视觉材料中传递信息的方式决定。②

马诺维奇没有使用术语"远距离观看"，然而这正是他文章的目的：试图追踪机器观看的含义，以及如何在数字人文学科中使用机器观

---

① Lev Manovich, "Data science and digital art history", *International Journal for Digital Art History,* 1, 2015, pp. 13-35, 33.

② Taylor Arnold and Lauren Tilton, "Distant viewing: Analyzing large visual corpora", *Digital Scholarship in the Humanities*, 2019, published online 15 March 2019. (https://distantviewing.org/pdf/distant-viewing. pdf)

看。近年来，其他研究者也采用"远距离观看"的说法[1]，表明人们对使用计算机研究图像和进行文化分析越来越感兴趣。在进行远距离阅读时，浮现的问题是：当机器"阅读"一段文本时意味着什么？哪些特征必须通过计算机来提取，这些特征如何用于分析？分析静态图像和动态图像也是如此："观看"意味着什么？这就是阿诺德和蒂尔顿文章中强调的："在对视觉语料进行探索性数据分析之前，需要对视觉资料进行编码。"[2] 同时，重要的是认识到图像有不同体裁和不同种类。因此，阐释图像时需要考虑图像的特征。[3]

声音和视觉

与前文所讨论的类似，与声音和视觉有关的研究正在数据科学领域，而不一定总是数字人文领域中大量涌现。自动语音识别（automatic speech recognition, ASR）是如今研究视听资料的一个有用工具。它能够提取语音，并转化为文本，再用文本挖掘工具展开分析。同时，自动语音识别处理可用于制作音频或视听资源内容的数字索引，有助于完善现有的元数据标准。

考虑到档案中大量的音频资料，人们可以使用计算机来增加获取音频资料的可能性。当然，人们也可以使用计算机研究可观的难

[1] David Martin-Jones, *Cinema Against Doublethink: Ethical Encounters with the Lost Pasts of World History*, Abingdon, Oxon: Routledge, 2019, ebook [no pagination]; Dario Compagno, "Introduction", in Dario Compagno ed., *Quantitative Semiotic Analysis*, Cham: Springer Verlag, 2018, p. 22.

[2] Taylor Arnold and Lauren Tilton, "Distant viewing: Analyzing large visual corpora", p. 11.

[3] Ibid.

以消化的资料。作为一个研究案例，我们可以考虑将自动语音识别应用于 20 世纪 20 年代末和 30 年代初有声电影取得突破后的新闻短片。新闻短片通常用无声相机拍摄，没有在现场录制任何声音。旁白是后来在摄影棚里添加的。新闻短片是一种文本驱动的视听文化形式，因此，语音提取可能提供有启发性的结果。在任何情况下，声音的质量和可能存在的背景音乐，都会让这项研究具有挑战性。另一个问题或许是，自动语音识别在识别单词时严重依赖语言模型。人们对历史语言模型的研究还不够充分，从历史学家的角度来看，这对识别过去的言语行为至关重要。不仅是人们使用的语言，人们说话的方式和发音，都发生了巨大变化。如果我们想想虚构的视听资料，如 20 世纪 30 年代和 40 年代的剧情电影，对话中可能还包括不同的方言和俚语。此外，声音的质量和拍摄地点的其他声音会让识别工作更加费力。不过，挖掘和远距离观看老电影的想法还是非常诱人，它将提供一条如何想象过去几十年的路径。一些复杂的技术可以进一步完善识别方法，如音频活动检测、语音活动检测和说话者分类，这些技术可以帮助识别真正的说话者，甚至在屏幕无法捕捉说话者图像的情况下，识别正在说话的人。①

66

---

① Zhicun Xu, Peter Smit and Mikko Kurimo, "The ALLTO system based on fine-tuned Audioset features for DCASE2018 task2 – General purpose audio tagging", in *Proceedings of the Detection and Classification of Acoustic Scenes and Events 2018 Workshop* (DCASE2018), Tampere: Tampere University of Technology, 2018, pp. 24-28. (http://decase.community/documents/ challenge2018/technical_reports/DCASE2018_Xu_28.pdf); Tuomas Kaseva, *SphereDiar – An Efficient Speaker Diarization System for Meeting Data*, Helsinki: Aalto University, 2019. (http:// urn.fi/URN:NBN:fi:aalto-201906234129)

近期的另一个学术前沿是电影内容的视觉分析，利用的是深度神经网络（deep neural networks, DNNs）技术。深度神经网络技术包括视觉特征与面部表情提取以及视觉内容描述等研究方法，这些方法超越了视觉层面，进入了视听资料的多模态分析。[①]内容检测器的开发有助于识别大型视听数据集的细节。如果研究项目的时间跨度长，电影内容的分析将提供原始资料，比如关于电影作品使用的环境、背景和文化艺术品如何随时间变化。

在研究视听内容时，有必要关注 19 世纪以后不断变化的技术：技术影响着文化产品用于数字分析的方式以及传播方式。早期的电影史资料是用硝酸盐纤维素材料（nitrate cellulose）保存的，这种材料非常脆弱且易燃。因此，许多早期电影已经丢失，研究早期电影必须使用其他种类的资料，包括剧照、手稿、报纸广告和评论。醋酸纤维素（acetate cellulose）更稳定，在第二次世界大战后成为保存电影资料的主要材料。几十年来，世界各地的电影档案馆都以保存电影拷贝为目标，一开始是制作醋酸纤维素复制品，如今则是制作4k 甚至更高分辨率的数字扫描件。20 世纪 50 年代，录像机出现后，人们引入更多视听产品技术。20 世纪 80 年代，制式录像机（Betamax）和家用录像系统（video home system, VHS）技术主导了消费市场，

67

①　Alan Wee-Chung Law and Shilin Wang, *Visual Speech Recognition: Lip Segmentation and Mapping*, Hershey, PA: Medical Information Science Reference, 2009; Guoping Qiu, Kin Man Lam, Hitoshi Kiya, Xiang-Yang Xue, C. -C. Jay Kuo and Michael S. Lew (eds.), *Advances in Multimedia Information Processing*, Berlin: Springer Verlag, 2010; Michal Kawulok, Emre Celebi and Bogdan Smolka (eds.), *Advances in Face Detection and Facial Image Analysis*, Cham: Springer Verlag, 2016.

也有录像 2000（Video 2000）和 U 型自动系统（U-matic）等视听技术。20 世纪 90 年代，数字 CD、激光唱片和 DVD 出现了，随后在 21 世纪出现了蓝光光盘和流媒体服务。21 世纪的图像分辨率也发生了变化，从高清（high definition, HD）到超高清（ultra-high definition, UHD），从 2k 到 4k 甚至 8k，应有尽有。对于研究视听内容的数字史学学家来说，一系列的技术变化是个挑战。电影档案馆已经制作了老电影的数字拷贝，然而还有许多问题需要解决，例如自制电影的保存方式仍是原始格式。

视觉性、文本性和元数据

作为本章的总结，本节会讨论视觉研究中的另两个问题，它们应该得到重视并提醒我们视觉性与文本性研究的密切关系。第一个问题是，本书提到的数字化项目的主要基础是图像。数字化的书籍、期刊和报纸都源于图像的收集，印刷材料也是先扫描成图像，然后才用 OCR 来识别文字。这意味着报纸数据库基本都是报纸图像的集合，这一点很少受到重视，原因是大多数研究方法都强调应用了 OCR 的识别文本。然而，文本资料并不仅仅只与文本有关。文本性并非视觉性的对立面，文本本身就是视觉实体，包括颜色、字体类型、字体大小、间距和其他排版要素。仅以一个主题为例，人们可以通过扫描资料探讨头版的历史变化。头条新闻如何随时间变化？有多少个栏目？图画和照片何时首次出现在封面上？如果在历史背景下进行分析，广告的作用是如何转变的？除了实际的扫描图

68

像外，还可以通过元数据来研究视觉性。通常情况下，XML 文件包括文本和图像的视觉信息和位置。这些数据将帮助研究者找到在报纸和杂志上发表过的图画和照片。

本章讨论的最后一个问题是元数据，不过是另一个角度下的元数据。所有图像数据库都包含每件物品的元文本信息。虽然数据的质量会有差异，但是数据会提供多方面的信息。让我们以艺术博物馆的在线数据库为例。莫斯科的特列季亚科夫画廊（Tretyakov Gallery）是世界上最著名的收藏馆之一，拥有超过 18 万件艺术品。在线收藏包括艺术家和画作的名字、艺术品的尺寸和技法。[①] 这些都是标准细节，为研究者提供了探索藏品内容的选择，例如特定的绘画技法如何随时间变化。一些数据库拥有更多细节。以前文提到过的数据库为例，关于欧洲艺术的最全面数据库之一是"RMN 照片"，始于 1946 年，它是法国文化部授权的一个商业机构。"RMN 照片"的最初想法是推广法国国家博物馆的藏品，如今它依然在履行这一使命，但是它也提供浏览外国藏品的访问权限。如今，"RMN 照片"拥有近 80 万张收藏在国家和地区博物馆的艺术品照片，包括卢浮宫、奥赛博物馆、蓬皮杜中心、尚蒂伊的康德博物馆（Chantilly's Condé Museum）和里尔美术宫（Palais de Beaux Arts de Lille）。上述博物馆的图像都可以在线访问，而高分辨率的副本只能通过购买获得。[②] 每件藏品的元数据都丰富了包括关键词在内的细节。例如，

---

① 特列季亚科夫画廊，参见 https://www.tretyakovgallery.ru/en/。

② "RMN 照片"，参见 https://www.photo.rmn.fr/Agence/Presentation。

让·约瑟夫·泰尔松（Jean-Joseph Taillasson, 1745—1809）的画作《塞内卡妻子博林的生活回忆》（*Pauline, femme de Sénèque, rappelée à la vie*），附有标识符（91-002122）、库存号（INV8081）、时代（18世纪，现代）、技法和材料（布面油画）、馆藏地点（巴黎，卢浮宫博物馆）、照片来源（RMN-Grand Palais, 卢浮宫博物馆 / 克里斯蒂安·让）、数字图像大小（10535×8192像素）以及与绘画内容有关的关键词。这幅作品描绘了一个晕倒的人物，显然晕倒的是画面主人公博林。用户通过关键词"晕倒"，可以检索到其他涉及人物晕倒的图片。数据库显示，"RMN照片"涵盖了17幅18世纪的有关人物晕倒的图像。此外，该数据库还包括178件描绘人物晕倒的艺术品，其中大部分是油画，也有照片、纺织品、铅笔画、水墨作品等等。上述例子只是细读的一个案例，如果"RMN照片"数据库可以得到整体分析，它将为艺术的发展提供一个特殊视角，同时也可提供如人物晕倒史这样的更具体的研究设置。

69

　　人们可以通过元数据来研究视觉资料和视听资料。这就需要获得作为数据转储的数据库的访问权限。目前最全面的在线国际电影档案之一是互联网电影数据库（Internaional Movie Database, IMDb）。IMDb因其不完整和不准确而饱受批评，然而其最大的优点是涵盖跨国和跨洲的电影作品，不仅包括过去制作的电影，也包括准备中的新作品。IMDb于1990年推出，当初是一个以粉丝为基础的项目，如今它是亚马逊的一个子公司，线上提供关于电影、电视节目和视频游戏的大量内容。至2020年1月，IMDb拥有650万个包括电视连续剧在内的条目，以及1040万个人物条目。对于研究

人员来说，IMDb 的数据基本上是开放获取的（open access），这一点很有价值。IMDb 提供七个不同的数据集，每天都会更新。[①] 这些数据已经被用于历史研究。博·麦克雷迪（Bo McCready）将 1910年至 2018 年间电影类型的受欢迎程度可视化，并描述了从动作片到西部电影的十二种类型电影的发展脉络。[②] 麦克雷迪的研究显然只是 IMDb 作用和成果的一个缩影。IMDb 可用于分析演员、导演和其他制作人员的网络，人们能通过将电影名称与制作国家联系起来，从而分析人员的流动，还能研究跨区域和全球层面上的电影产出变化，等等。对于电影学者来说，IMDb 也提供了研究未来的可能性，因为该数据库还包括进行中的电影制作。当然，上述关于 IMDb 的资源蓝图只是编写一部视听史的众多选项之一。IMDb 以后可以与其他数据库相结合，如关于国家电影院和电视广播的数据库。最后，就内容本身来看，实际上越来越多的电影和电视节目正在以数字格式出现。[③]

70

视觉化的数字技术一直是并且将继续是 21 世纪研究和发展的一个拓展领域。从数码相机和移动电话，到超高清电视机和高分辨率显示器，视觉设备正逐步充斥当下的世界。视听技术在我们如何自娱自乐，如何表达我们与周围世界的关系，以及如何受控制和监督

① IMDb 数据库，参见 https://www.imdb.com/interfaces/。

② Bo McCready, "Film genre popularity 1910-2018", 2019. (https://public.tableau.com/profile/bo.mccready8742#!/vizhome/FilmGenrePopularity-1910-2018/GenreRelativePopularity)

③ 如 2020 年 1 月 1 日芬兰国家视听机构在其主页上线的 2000 部电影短片和 287 部电影剧情长片，参见 http://elonet.finna.fi。

方面占据了核心地位。近几十年来，视听文化经历了一场变革——从模拟电影院（analogue movie theatres）到 4k 数字电影院，以至于硝酸盐和醋酸纤维素制作的电影需要特殊场次和旧技术才能放映。如今的消费者比以往任何时候都在更频繁地创造视听内容，他们在社交媒体上分享可视化内容，并在私人硬盘以及云服务上保存更多视听资料。可以肯定的是，未来将诞生以视觉方法和视觉文化遗产阐释历史的新见解、新方法和新应用。

第四章

跨学科性：数字史学的研究挑战

数字史学学家可以获得大量资源。如前文所述，研究人员更易
获得更多资料的同时，也必须考虑引人思考的和资料批判的角度。
数字史学的一个主要挑战是使用大型数据集。因此，数字史学常常
需要跨学科工作，并且需要基于合作和共同工作的协作研究。跨越
学科边界非常有必要，这不仅是因为有待解决的复杂问题，还因为
其他研究领域已经或可能开发了解决问题的通用工具，并且能够有
效地运用于跨学科。虽然数字史学学家的研究出发点是历史问题，
但是解决问题可能需要不同学科和方法论的专业知识。如果数字史
学学家不使用科学界和不同研究范式的已有成果，那将会非常遗憾。

数字史学并不是面临跨学科挑战的唯一学科。可以肯定的是，
世界一直很复杂，然而我们越来越意识到面临的风险是全球性的，
这进一步强调了跨学科工作的必要性。布鲁诺·拉图尔（Bruno
Latour）在他引人注目的《我们从未现代过》一书中（最初于 1991
年以法语出版），以讲述一份报纸的单版如何描述周遭世界，开始了

全书的分析。他观察到化学反应和政治反应似乎是交织在一起的：在当今世界，人类和非人类因素不可分割，拉图尔分析臭氧层空洞扩大带来的威胁就是一个例子。自然与人类行为和文化息息相关。[①]臭氧问题在 20 世纪 90 年代引起了激烈的公众辩论。如今我们可以注意到，臭氧问题最终有可能改变消费模式，影响工业和决策者，并通过决策手段来避免臭氧灾难。臭氧问题的有效处理结果只是证实了如下事实：人类和非人类因素相互影响。

如今，我们面临更多新挑战，如气候变化和全球变暖，地球生物多样性减少，以及与气候相关的政治不确定因素。这样来看，我们很容易理解下述批评：西方学术界的根基不适用于当今的世界。我们怎样才能改革大学，让其具有弹性和韧性，以应对当今世界的挑战，同时保持大学一直以来身为严肃研究摇篮的角色，以促进对学术问题的深入探讨，扩大人们对世界的认知，即使大学的改革并不适用于当下？虽然全球变暖之类的问题显然不能只由一个学科来解决，但是同样明显的是，这并不意味着学科思维会过时。

超越学科性

长期以来，努力跨越学科边界无疑是科学、艺术和人文学科的一部分。有一整套词汇可以描述学科纠缠或交织的多种方式。"学科领域内"（intradisciplinary）指只在单一学科内开展的学术工作，具

---

① Bruno Latour, *We Have Never Been Modern, translated by Catherine Porter*, Cambridge, MA: Harvard University Press, 1993, pp. 1-2.

有显著的学科特征。"**交叉学科**"（crossdisciplinary）则指促进两个学科之间的相互理解。"**多学科**"（multidisciplinary）工作更进一步，目的是将多个学科背景的研究人员聚集在一起，专注于一个合作项目，让所有成员能够创造性地利用各自的专业知识和技能。"**跨学科**"（interdisciplinary）的目标更加宏大，不同学科的研究人员试图整合各自学科的知识和方法，为手头的项目创建一个整体的方法论。更进一步来看，"**学科融合**"（transdisciplinary）是跨学科工作的一种形式，更反对单一的学科。跨学科思维仍然承认各个学科的角色，因为它是"**在……之间**"（inter），或"介乎两者中间"（in-between），然而学科融合要解决的挑战是超越学科边界和视角，为研究创造一个更宏大的知识框架。[①]朱莉·汤普森·克莱因（Julie Thompson Klein）在《跨学科的数字人文》一书中，将学科融合具体定义为："学科融合综合新型概念框架和范式，超越了狭窄的学科视角。"[②]

　　梳理目前归类为"数字史学"的研究和教育实践，我们似乎可以认为，数字史学的出发点遵循跨学科和学科融合的性质。在跨学科的背景下，专业的学科知识对于实现目标是必要的，然而只有各

73

---

① Alexander Refsum Jensenius, 'Disciplinarities: Intra, cross, multi, inter, trans', *Alexander Refsum Jensenius* (blog), 12 March 2012. ⟨http://www.arj.no/2012/03/12/disciplinarities-2/⟩ 更多信息，参见 Marilyn Stember, "Advancing the social sciences through the interdisciplinary enterprise", *The Social Science Journal,* 28 (1), 1991, pp. 1-14。关于学科融合，参见 Dena Fam, Linda Neuhauser and Paul Gibbs (eds.), *Transdisciplinary Theory, Practice and Education: The Art of Collaborative Research and Collective Learning,* Cham: Springer Verlag, 2018。

② Julie Thompson Klein, *Interdisciplining Digital Humanities: Boundary Work in an Emerging Field,* Ann Arbor, MI: University of Michigan Press, 2015, p. 20.

个学科通力合作才能最终实现目标。同时，数字人文也许比数字史学更需要长远的学科融合战略，以培养一代摒弃单一学科思维的学者。因为跨学科工作的范围、类型和目标各不相同，专业的单一学科知识和跨学科合作都是同等重要的。毫无疑问，我们可以想象这种未来：人工智能已经遍布学术研究，以至于数据科学成为一种元科学，任何一种研究都必须依赖数据科学。在这种情况下，数据科学不再仅仅是一种学科，而是研究者都必须接受的基本学术训练。科学总是处于一种熵的状态（a state of entropy），新研究领域不断出现。也许未来不会出现上述情况，但我们需要跨学科的研究中心和阵地来规划新研究路径。

74　　　　最终，一切都取决于人们如何定义跨学科的范围、类型和目标。2010 年，卡特里·胡托涅米（Katri Huutoniemi）、朱莉·汤普森·克莱因、亨里克·布鲁恩（Henrik Bruun）和珍妮·胡基宁（Janne Hukkinen）在一篇分析使用跨学科方法的研究项目的论文中，具体说明了跨学科的范围、类型和目标。[①]他们认为，跨学科的**范围**指在一个特定的包含各学科的研究项目中，具体融合了哪些东西。一个项目涉及的学科很少是全面的，而是仅限于几个学科。第二个讨论维度是跨学科的**类型**，即关注研究最终如何被完成，"不仅在对涉及各个学科的研究问题和专业知识的架构上，而且在研究过程的执行和对

---

① 　Katri Huutoniemi, Julie Thompson Klein, Henrik Bruun and Janne Hukkinen, "Analyzing interdisciplinarity: Typology and indicators", *Research Polity,* 39 (1), 2010, pp. 79-88.

结果的形成和分析中"。① 第三个问题强调了跨学科的实际**目标**的重要性。为什么要进行跨学科研究，研究者如何阐述跨学科研究的目标？②

胡托涅米等人的论文坚持认为，跨学科研究的目标本质上是不同的：一些研究的目的是深入探索知识，而另一些研究则更具实用性，属于非学术研究。这是任何研究的特点，不仅限于数字人文。胡托涅米等人的文章提出了一个重要观点，人们应该认可跨学科研究的不同目标，同时分析和评估各个目标的具体内容。我们必须牢记的是数字人文受限于多种科学政策，这超出了跨学科研究目标的讨论范畴。大多数国内研究和国际研究都受资助机构、研究计划和大学战略指导并监督。这会威胁到研究的自由空间。如果研究人员必须通过接触其他领域来证明自身的工作，特别是在单一学科研究项目的资金正在不断减少的情况下，会发生什么？2012 年，林雨薇（Yu-wei Lin）的文章回答了这个问题，她重申了一个事实——"国家和国际的研究资助委员会越来越强调，人文学科研究应该像自然科学和工程领域的研究一样，大量引入数据和实证性的研究方法"。③研究资助委员会的担忧是可以理解的，而且可能有一些道理。然

75

---

① Katri Huutoniemi, Julie Thompson Klein, Henrik Bruun and Janne Hukkinen, "Analyzing interdisciplinarity: Typology and indicators", p. 83.

② Katri Huutoniemi, Julie Thompson Klein, Henrik Bruun and Janne Hukkinen, "Analyzing interdisciplinarity: Typology and indicators", p. 85.

③ Yu-wei Lin, "Transdisciplinarity and digital humanities: Lessons learned from developing text-mining tools for textual analysis", in David M. Berry ed., *Understanding Digital Humanities*, Basingstoke: Palgrave Macmillan, 2012, p. 295.

而，人们很难找到证据，表明跨学科或与数据密集型研究领域的结合会为人文学科带来损失。跨学科研究从来都不是单向的。跨学科是一个相互交流的过程，人文学科的观点也可能影响其他学科的研究人员。当今世界充斥着信息技术和数字设备，历史学家和其他人文学科研究者会更迫切需要参与数据科学和工程等领域的研究。

跨越学科界限

跨学科并不是一个简单的算术问题，并非只是各个学科的总和。最有成效和最有价值的跨学科研究会导向本来不可能出现的研究成果。在跨学科研究中，一门学科的发现往往可应用于另一门学科，两个学科的融合会产生突破性的研究。研究人员尝试跨学科的研究方法和策略是可行的，而且富有建设性。一个有趣的例子是克拉科夫师范大学（Pedagogical University in Kraków）、波兰科学院和韩国蔚山国家科技学院（Ulsan National Institute of Science and Technology in South Korea）的研究人员在有机化学领域开展的一个项目。项目的出发点是研究"化学反应中发挥作用的大量不同分子及其分子碎片"的关键问题。项目目的是了解为什么某些原子团倾向于结合在一起，而排斥其他原子团。研究人员决定使用语言工具比较化学单位，并将复杂的分子划分成"有意义的"子结构。之后，研究人员应用文本挖掘工具，特别是主题建模工具，给这些分子的子结构分类。这个项目只是一个实验，但是最后，研究人员得出结论，语义信息可以"使用文本挖掘算法从化学语料库中提取"。① 这个案例表明，数字人文工具可以用于解决自然科学问题。这个研究项目关乎想象力，而且需要研究人员有将想法变为现实的勇气。

　　另一个关于不同研究领域——甚至是那些乍一看似乎没有什么 　76
共同点的领域——如何互利共赢的例子，如美国国家生物技术信息
中心开发的软件"基本局部排列搜索工具"（Basic Local Alignment
Search Tool, BLAST）。"基本局部排列搜索工具"可以找到生物序列
之间的相似区域，并做出比较，比如可用于核苷酸序列和蛋白质序
列。这是一个所有生物信息学领域研究人员都知道的软件。然而，
"基本局部排列搜索工具"的原理具有普遍性：它检测相似的序列，
并可应用于其他类型的序列，不一定是生物序列。在图尔库大学
（University of Turku）最近的一个项目中，"基本局部排列搜索工具"
被应用于研究旧报纸中的文本再利用。旧数据会包含 OCR 软件的许
多识别错误，主要是因为 19 世纪的芬兰报纸使用哥特式字体，OCR
软件很难处理这种字体。"基本局部排列搜索工具"能够识别错误和
异体字，因此可能对识别混乱材料中的相似性有用。在该项目中，
每个字符都被编码为一个氨基酸，然后通过"基本局部排列搜索工具"
检索整个语料库。最后，"基本局部排列搜索工具"从 510 万页的语

---

① Maciej Eder, Jan Winkowski, Michał Woźniak, Rafał L. Górski and Bartosz Grzybowsk,
"Text mining methods to solve organic chemistry problems, or Topic modeling applied to chemical
molecules", in Jonathan Girón Palau and Isabel Galina Russell (eds.), *Puentes – Bridges, Book of
Abstracts, Libro de resúmenes*, Mexico City: Red de Humanidades Digitales, 2018, pp. 565-565.

料库中检测出 6100 万个相似文本，再将相似文本分别归类。[①] 项目
成果是一个文本再利用数据库，可供其他领域的研究人员查询。[②] 如
果研究团队中没有生物信息学专家，很难想到这种出人意料的解决
方案，然而基础是首先有一个跨学科性质的研究团队。此外，必须
补充的是，研究方法和研究问题总是相互关联。研究人员可以先确
定一个需要跨学科方案的研究问题，激发团队的想象力，这有助于
梳理出原先未注意的新研究问题，而新问题会产生富有成效的结果。

　　跨学科工作往往需要共享研究空间。帕特里克·斯文森（Patrik
Svensson）就空间在数字人文中的作用写了很多文章，包括具体地
点和抽象空间，这对数字史学也有启发。斯文森将数字人文描述为
一个交易区域（trading zone），一个人员、思想、工具和方法可以交
融的会面场所。[③] 在这个意义上，"基本局部排列搜索工具"的应用

① Aleksi Vesanto, Asko Nivala, Heli Rantala, Tapio Salakoski, Hannu Salmi and Filip Ginter, "Applying BLAST to text reuse detection in Finnish newspapers and journals, 1771-1910", in *Proceedings of the 21st Nordic Conference of Computational Linguistics, Gothenburg, Sweden*, 23-24 May 2017, pp. 54-58. (http://www.ep.liu.se/ecp/133/010/ecp17133010.pdf.) Hannu Salmi, Heli Rantala, Aleksi Vesanto and Filip Ginter, "The long-term reuse of text in the Finnish press, 1771-1920", *Proceedings of the 4th Digital Humanities in the Nordic Countries, Copenhagen,* 6-8 March 2019, pp. 394-404. (http://ceur-ws.org/Vol-2364/36_paper.pdf)

② Aleksi Vesanto, Filip Ginter, Hannu Samli, Asko Nivala, Reetta Sippola, Heli Rantala and Petri Paju, *Text Reuse in Finnish Newspapers and Journals, 1771-1920*, Database. (http://comhis. fi/clusters)

③ 斯文森参考的是玛丽·路易斯·普拉特的文章，参见 Mary Louise Pratt, "Arts of the contact zone", *Profession*, 91, 1991, pp. 33-40; Patrik Svensson, *Big Digital Humanities: Imagining a Meeting Place for the Humanities and the Digital*, Ann Arbor, MI: University of Michigan, Press, 2016, p. 112。

是"交易"和"会面"的一个结果。然而，跨学科的合作并不总是
那么和谐。斯文森提到了玛丽·路易斯·普拉特（Mary Louise Pratt）
的"接触地带"（contact zone）概念。普拉特认为，多种文化经常在
"高度不对称的权力关系中"相遇。接触地带作为交流平台，可能是
不平衡且等级分明的，不一定会导致行业交流或互惠交换。[①] 举例来
看，这种情况可能发生在一方合作者不承认另一方的研究前提，或
者不愿意就基本概念展开交流时。马克斯·凯曼（Max Kemman）指
出，"跨学科合作中经常存在知识不对称"。凯曼提到一个项目，这
个项目中，"历史学家不知道计算机科学家如何开展工作，因此，历
史学家和计算机科学家无法创造出一个让双方都满意的研究工具"。[②]
凯曼 2019 年的研究《数字史学的交易区域》进一步讨论了上述问题，
而且提供了更多的细节。凯曼的研究基于广泛的原始材料，包括在
线调查、访谈、个人观察以及 2008 年至 2017 年间 1 万多篇历史学
家博客文章的隐含狄利克雷分布主题建模。凯曼总结，数字史学项
目总有不确定性，一方面是由于历史学家犹豫如何使用计算方法，
另一方面是由于数据科学家不确定如何将数据科学的方法应用于历
史数据研究。凯曼的分析揭示了各种解决问题的方法：一些他称之
为"数字史学经纪人"的历史学家，能够将"交易区域"作为一个

---

① Mary Louise Pratt, "Arts of the contact zone", pp. 33-40; Patrik Svensson, *Big Digital Humanities: Imagining a Meeting Place for the Humanities and the Digital*, p. 112.

② Max Kemman, "The ends of the humanities abstract – Interdisciplinary ignorance", *Max Kemman* (blog), 5 September 2017. (https://www.maxkemman.nl.2017/09/abstract-interdisciplinary-ignorance/)

创造性空间，与包括政策制定者在内的不同群体进行谈判。然而，从宏观层面来看，"交易区域"的相关解决方案还没有产生实际效果。[①]

迈向跨学科研究

不确定性在任何跨学科的探索中都是至关重要的。不确定性的来源之一无疑是单一学科思维和跨学科思维之间的张力。林雨薇指出，学者面临着打破学科界限的巨大压力，甚至有指定的资金用于跨学科项目。尽管如此，研究人员的热情和承诺可能是由学科背景决定的：他们完全投入各自的领域，并完善专业技能。因此，研究人员在自身领域之外，可能会迈出自己的舒适区。研究中的许多关键概念都关联不同的学科，这关乎学科自身的价值。我们只需注意，自20世纪80年代和90年代以来，文化和性别研究等领域对人文学科产生了深刻影响。举例来看，文化和性别的概念研究卓有成效。这表明，优秀的研究不仅关乎单一学科，也需要跨学科思维。

然而，数字史学不是一门学科。数字史学是历史研究的分支，也可以是研究者必须进入"交易区域"的跨学科研究。数字史学的跨学科性质可能会引起研究者对自身学术定位或多年所学专业技能和知识的质疑。这就导致了下列问题：研究者技能和知识的边界在哪里？研究者在多大程度上可以发展专长以更好地适应跨学科挑战？如何融入范围更大的合作，尤其当研究者来自一个传统领域，

---

① Max Kemman, "Trading zones of digital history", Luxembourg: University of Luxembourg. 摘要参见 https://www.makkemman.nl/2019/03/thesis-abstract-trading-zones-of-digital-history/。

从事着一项孤独的研究事业时？面对上述问题，感到不确定是自然的，但是对于所有被卷入其中的人来说，情况是相似的。研究者打开跨学科交流之门的一个可能策略是，试着更清楚地了解各个领域显而易见却未得到清晰阐明的研究方法。很少有历史学家能讲清实际的研究中如何处理资料，或是历史学家在档案馆工作或翻开一本书时，第一步先做什么。数据科学家也可以提出相同的问题。处理数据集的基本步骤是什么？成功的跨学科研究必须了解未阐明的研究步骤。这些不明确的研究步骤是学科既定的研究传统，与学科课程的制定相关，往往很难用几句话说清。如果我们了解自身的工作步骤，就能更好理解，与大数据和其他数字资源的合作会将我们引向何处。

第五章

在数字时代呈现过去

　　自 20 世纪 90 年代初以来，数字史学的核心不仅是利用信息 技术研究过去，也用于在课堂上和公众面前呈现过去。2006 年，丹尼尔·J. 科恩（Daniel J. Cohen）和罗伊·罗森茨威格（Roy Rosenzweig）出版了《数字史学：在网络上收集、保护和呈现过去的指南》，导言介绍，此书是为了回应万维网上日益增长的历史资料而写："网络上，几乎每一个历史档案馆、历史协会、历史房屋和历史遗址——即使是规模最小的历史遗址，都有自己的网站。几乎每一个历史情景重现团队、家谱协会和历史爱好者团体也都有自己的网站。"[1] 从 20 世纪 90 年代初到 2006 年，变化确实很大：数字资源成倍增加。同时，历史学家已经习惯使用信息技术，历史研究也无法忽视信息技术。

　　本章聚焦于数字史学学家如何使用数字工具来呈现过去。本

---

[1] Daniel J. Cohen and Roy Rosenzweig, *Digital History: A Guide to Gathering, Preserving, and Presenting the Past on the Web*, Philadelphia, PA: University of Pennsylvania Press, 2006, p. 2.

章将继续讨论作为公共史学的数字史学，再讨论可视化数据的可能性，最后将讨论被称为增强现实和混合现实的技术，及其供数字史学学家利用的潜力。

面向公众的数字史学

80　　自从科恩和罗森茨威格 2006 年出版著作以来，数字资源不断增长，一本指南已经无法完整概括现有的历史资料和数字服务。如果在万维网诞生早期，互联网用户必须熟悉 HTML 代码才能创建他或她的历史研究主页，那么在今天，WordPress、Blogspot 和其他博客服务提供了便捷的网页模板，因此产生了可观的在线历史资源。

近几十年来，提供元数据和历史资料的数据库不断出现，主题涵盖考古发掘、古典文献、现代经典等等。例如，2010 年，剑桥大学和于默奥大学（Umeå University）的研究人员将拜占庭帝国犹太社区的研究成果作为一个开放数据库，向学者和公众公开①。另一个有趣的项目是安德鲁·J. 托格特（Andrew J. Torget）的得克萨斯州奴隶制研究（The Texas Slavery Project）。该项目始于 2007 年，研究了"1820 年至 1850 年间奴隶制在美国和墨西哥边境地区的分布"。它不仅提供得克萨斯州被奴役者和奴隶主的人口流动动态互动地图，还提供了一个人口数据库，让用户探索奴隶史。② 托格特的数据库

---

① "绘制拜占庭帝国的犹太社区"（Mapping the Jewish Communities of the Byzantine Empire），参见 http://www.byzantinejewry.net/。

② "得克萨斯州奴隶制研究"（The Texas Slarery Project），参见 www.texasslaveryproject. org.

始于学位论文，逐步深化为一个数字平台，可供教师、学生和相关研究人员查阅。① 此数据库成功地结合了数字史学和公共史学。得克萨斯州奴隶制项目是自下而上发展而成的，受益于为不断壮大的数字资源贡献一份力量的热情。这方面的例子不胜枚举，如果再列举一个项目，那就是 2015 年和 2016 年哥伦比亚国立大学（National University of Colombia）一群本科生的研究。该研究是数字史学课程和中世纪史课程的产物，这群本科生建立了一个名为"数字洛伦泽蒂"（Lorenzetti Digital）的网站，发布了佛罗伦萨艺术家安布罗乔·洛伦泽蒂（Ambrogio Lorenzetti, 1290—1348）壁画作品的图像和分析。这个例子表明，数字史学可以通过互联网，呈现历史文本和历史图像。②

81

显然，历史学家在上课和公共演讲时也会用到信息技术，数字史学并不只存在于互联网上。尤其是在 21 世纪，数据投影仪就像历史学家旅途中最亲密的朋友。近几十年来，PowerPoint 是在会议和课堂上进行个人展示的最流行工具。PowerPoint 的第一个版本于 1987 年推出，用于制作投影片，然而投影片的时代很快就过去了。

---

① Douglas Seefeldt and William G. Thomas, "What is digital history?", *Perspectives on History: The Newsmagazine of the American Historical Association,* 1 May 2009. (https://www.historians.org/publications-and-directions/perspectives-on-history/may-2009/what-is-digital-history)

② "数字洛伦泽蒂"，参见 https://ambrogiolorenzetti.wixsite.com/digital/blank-q816y; Rodríguez Rojas, Andrés Elvis and Jose Nicolas Jaramillo Liévano, "Lorenzetti Digital", in Jonathan Girón Palau and Isabel Galina Russell (eds.), *Digital Humanities 2018: Puentes – Bridges, Book of Abstracts, Libro de resúmenes*, Mexico City: Red de Humanidades Digitales A.C, 26-29 June 2018, pp. 661-662。

20世纪90年代初，各大学仍有用于35毫米幻灯片的投影仪，但是逐渐被数字投影仪取代，可以使用计算机演示幻灯片。最终，1992年PowerPoint的第三个版本引入了视频信号输出，从而允许使用数字幻灯片。^①对于数字史学学家来说，数字幻灯片带来了将文字、地图、静态图像和动态图像引入讲课内容的可能性，课堂教授的历史也就有了更多呈现方式。庄以仁（Eugene Ch'ng）和文森特·L. 加福尼（Vincent L. Gaffney）指出，"可视化技术提供了强大的工具，可以唤起历史在场感"。^②诚然，数字史学可以作为一种史学方法，不仅带给听众一种历史在场感，而且给听众一种感受历史的感官变革体验。

可视化数据

在当今的视觉世界中，历史学家能够跟上时代越来越重要，也就是说，无论历史主题是什么，历史学家都要实现研究成果的可视化。可视化是一种组织和分析视觉和非视觉数据的策略，也是一种呈现研究结果的策略。回顾数字人文的历史，佛朗哥·莫雷蒂的远距离阅读概念已经讨论过可视化，他研究文学史的方法对21世纪的数字学界产生了深远影响。因此，本节首先讨论学术背景下的可视

---

① Robert Gaskins, "PowerPoint at 20: Back to basics", *Communications* 50 (12), 2007, pp. 15-17.

② Eugene Ch'ng and Vincent L. Gaffney, "Seeing things: Heritage computing, visualisation and the arts and humanities", in Eugene Ch'ng, Vincent L. Gaffney and Henry Chapman (eds.), *Visual Heritage in the Digital Age,* London: Springer Verlag, 2013, pp. 2-4.

化问题，再讨论视觉技术和视听技术的运用方式。这两种技术都以 82
数字方法呈现过去。

莫雷蒂 2005 年的著作《图表、地图和树状结构：文学史的抽象模型》认为，可视化是综合计算方法得出研究结果的一种路径。在莫雷蒂看来，"刻意的还原和抽象"是必要的，在其他研究领域的启发下，他从"量化历史中提取图表，从地理学中提取地图，从进化论中提取树状结构"。[①] 当然，图表一直是使用定量方法的经济社会史学家的研究方法之一。20 世纪 60 年代和 70 年代的历史学家尤其乐于使用图表和统计学方法。这样来看，量化历史学家或许会认为，旧有的量化方法和新型的数字史学之间有不少共通之处。然而，对莫雷蒂来说，尤其是当他看到统计方法服务于抽象问题时，他认为可视化是一种新事物。

数字史学学家需要统计手头的数据时，统计工具是必不可少的。这就会带来一些问题：如何描述研究中的数据的比例，如何向受众清楚地阐明数据？在大数据研究中，研究者首先必须用数字来描述数据集。例如，文本语料库会涉及字、词、行、页、期或书目的数量，数据集中的词频；也许还有世界上最常见的搭配，即资料中往往会共同出现的词汇序列。[②] 各种词汇的比例帮助读者迅速掌握资料的规模和性质。不过，这类研究并不需要可视化，完全可以以文字和数字的形式呈现结果。有一些易于使用的语料库计算工具，

① Franco Moretti, *Graphs, Maps, Trees: Abstract Models for a Literary History*, pp. 1-2.

② 更多可视化数据，参见 Graham et al., *Exploring Big Historical Data: The Historian's Macroscope*, pp. 159-194。

比如 AntConc，它是一个用于文本语料库分析的免费工具。① 也有一些开源的可视化程序，可以很容易地进行测试。其中最受欢迎的是 Voyant Tools，这是一个基于网络的文本分析和可视化应用程序。②

84 为了直观地说明这一点，本章到这段为止的文本已被上传到 Voyant Tools，以显示即时词频（见图 3）。到目前为止，本章使用了 486 个不同的汇词，最常出现的词是"历史"（18 次）和"数字的"（17 次），这不足为奇。Voyant Tools 还提供了一个词云，可以根据列出的词汇数量缩放图片。图 3 左图以云的形式显示了 25 个最常出现词汇，而右图则显示了 5 个最常出现词汇的相对频率以及它们在本章出现频率的趋势。图 3 表明，"历史"一词在文本开头部分占有更高的权重。

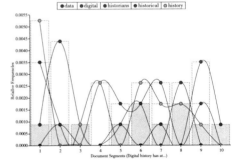

图 3 本章开头文字的可视化

图片来源：Voyant Tools

---

① 关于 AntConc，参见 https://www.laurenceanthony.net/software/antcon/。

② 关于 Voyant Tools，参见 https://voyant-tools.org/；关于 Voyant Tools 的使用，参见 *Using Voyant Tools for Basic Text Analysis*。(https://publish.illinois.edu/commonsknowledge/2014/10/10/using-voyant-tools-for-basic-text-analysis/.)

图 3 两幅图片是本章开头几段文字的可视化呈现，只是可视化的冰山一角。更重要的是，可视化技术可以是研究方法的一部分，以提炼新信息，也许它不会充分展示细节，但是也在为读者和观众服务。一个非常受数字人文研究者欢迎的软件是 Gephi，它是一个开源的探索工具，允许用户创建图形和网络。Gephi 的用途很多，诸如社会网络分析、研究对象之间的基本关联结构分析以及为海报和其他展示制作可印刷地图。[1] 举例来看，在研究 19 世纪报刊时，Gephi 可用来探索报纸如何共享文字内容，共享网络如何联结不同的报纸。有趣的是，报纸的共享网络随着时间的推移发生了很大的变化，而这种变化可以通过绘制不同时期的 Gephi 网络图来呈现。[2]

　　2015 年，斯蒂芬·詹尼克（Stefan Jänicke）等人通过分析学者的研究论文，调查了可视化技术的发展脉络。首先，他们注意到，2011 年以来，可视化的影响力急剧增长。[3] 其次，他们指出，可视化不仅仅源于远距离阅读，原因是数字时代的人文学科似乎也包括了呈现细读的可视化技术。细读的数字技术试图将注意力集中在细节上，并将研究结果可视化，如强调颜色和字体大小，以及使用图像字符（glyphs），旨在表明细节之间的联系。可视化中的远距离阅读技术则强调研究结果的结构，并绘制热图、标签云、时间线、地图和图表。细读技术经常用于分析单段文本或平行文本，而远距离阅

85

---

① 　关于 Gephi – The Open Graph Viz Platform，参见 https://gephi.org/。

② 　Asko Nivala, Hannu Salmi and Jukka Sarjala, "History and virtual topology: The nineteenth-century press as material flow", *Historein*, 17 (2), 2018. (http://dx.doi.org/10.12681/historein.14612)

③ 　Stefan Jänicke et al., "On close and distant reading in digital humanities", p. 4.

读技术的应用对象往往是大型语料库，语料库中的空间和时间维度也必须以可视化技术呈现。[①]詹尼克等人的文章进一步指出，数字人文界"在 HTML、JavaScript、SVG 或 GIS 等标准技术的帮助下"实现了可视化，但是现有的研究工具经常用来"将文本数据转化为可视数据"。[②]这些研究工具包括 D3、Prefuse 和 ManyEyes。[③]Gephi 最常用于制作图表，而 D3、Neatline 和 GeoTemCo 则常用于制作地理地图。[④]类似的研究工具还有 InfoVis、FeatureLens 和 TextArc。[⑤]自 2015 年詹尼克等人的调查以来，可用的资料库和软件数量不断增长。众多信息丰富且精心策划的网站推出了包括可视化技术在内的实用研究工具。[⑥]种种迹象表明，数字人文领域和数字史学领域都需要可视化数据，这不仅是一种研究方法，也是向受众展示研究成果的工具。

---

① 更多细节，参见詹尼克等人文章中以可视化技术为依据的研究论文分类：Stefan Jänicke et al., "On close and distant reading in digital humanities", p. 12。

② Stefan Jänicke et al., "On close and distant reading in digital humanities", p. 13.

③ 关于 D3，参见 https://d3js.org/; 关于 Prefuse（已归档），参见 https://web.archive.org/web/20181226190156/http://prefuse.org/；关于 ManyEyes，参见 https://www.boostlabs.com/ibms-many-eyes-online-data-visualization-tool/。

④ 关于 Neatline，参见 https://neatline.org/；关于 GeoTemCo，参见 http://www.informatik.uni-leipzig.de:8080/geotemco/。

⑤ 关于 InforVis，参见 https://infovis-wiki.net/wiki/Main_Page；关于 FeatureLens，参见 http://www.cs.umd.edu/hcil/textvis/featurelens/；关于 TextArc，参见 http://www.visualcomplexity.com/vc/project.cfm?id=5。

⑥ 参见 Digital Humanities: Tools & Software, https://guides.nyu.edu/dighum/tools; Digital Humanities: Tools and Resource Recommendations, https://libguides.mit.edu/c.php?g=176357&p=1158575; The Digital Humanities: Digital Visualization, https://libguides.usc.edu/c.php?g=235247&p=1560835。

呈现时间的变化

前文关于如何利用可视化呈现过去的讨论有一定的局限性，而且多是从技术角度展开讨论。虽然数据集的可视化对数字史学学家呈现他／她的研究成果很有价值，但是探寻如何具体展示时间的变化也同样重要，尤其是在为受众呈现概括性的历史阐释时。那么，如何捕捉时间的渐进式变化？

数字人文开发的大多数工具都是为了展示数据或描述历史上某一特定时间点的情境。因此，相当多的历史调查都提供了图表，表明研究主题在时间轴上的变化。历史学家也可以将调查结果以数据库的形式呈现，数据库使用者能选择不同的时间点，借此研究不同时间节点的历史差异。

视频也可用于展示时间变化的可视化。"病毒文本"项目发布了几个在线视频，展示了一段特定文本如何按时间顺序出现在再版的 19 世纪美国报纸中。其中一个视频关于查尔斯·麦凯（Charles MacKay）的诗歌《调查》（*The Inquiry*）在美国内战前的报纸上的传播[1]，以及查尔斯·M. 迪金森（Charles M. Dickinson）的流行诗歌《孩子们》（*The Children*）的病毒式传播，该诗一出现就被认为是查尔斯·狄更斯（Charles Dickens）的作品[2]。"19 世纪早期欧洲的病毒文化"（Viral Culture in Early Nineteenth-Century Europe）项目则发布

86

---

[1]　Ryan Cordell, *The Spread of Charles MacKay's Poem "The Inquiry" in Antebellum Newspapers*, 2013. (https://www.youtube.com/watch?v=YwDlyt7jhMs)

[2]　Ryan Cordell, *"The Children" by Charles M. Dickinson*, 2015. (https://www.youtube.com/v=pVUjBpfYrFM)

了弗朗茨·李斯特（Franz Liszt）1839 年至 1847 年间欧洲巡回音乐会的视频①，而英国的油管主播（YouTuber）奥利·拜（Ollie Bye）上传了数个历史视频——甚至有 19 分钟内看遍世界史。② 上述各个视频案例表明，时间和空间相互交织，事物随时间变化可以变得可视，就好像地理地图上不断变化的图层。此类时间跨度更广的视频存在一个问题，它们倾向于线性时间观，展示事物从一个时间点到另一个时间点的渐进发展。

历史视频通过压缩时间尺度，呈现出快速发展的历史进程。当然，视频也可以尝试将时间维度转化为空间维度，不同的时间轴工具都会采用这种方法。为此，西北大学的奈特实验室（Knight Lab）开发了一个开源工具"时间轴 JS"（TimelineJS），让用户能够建立互动的时间轴。"时间轴 JS"的用户通过网站界面，可以将他 / 她的数据以谷歌电子表格或 JSON 文件的形式添加。然后，"时间轴 JS"会生成一个网页，显示一个带有附加文本、图片、视频和任何用户想要添加内容的时间轴。该软件有 60 种语言版本，从法国《世界报》（Le Monde）到美国 CNN 电视频道，世界各地的主要媒体公司都在使用"时间轴 JS"。③

虽然时间轴的应用工具使用简单，但是它们也值得审慎的关

① Hannu Salmi, *Franz Liszt's Tour in Europe, 1839-1847*, 2017. (https://www.youtube.com/watch?v=GnnnaYaBXPc)

② Ollie Bye, *The History of the World: Every Year*, 2015. (https://youtu.be/-6Wu0Q7x5D0)

③ 关于"时间轴 JS"，参见 https://timeline.knightlab.com/; https://data.europa.eu/euodp/en/node/6551。

注。在当今的历史研究中，各异的、重叠的历史时间进程已经引起越来越多研究者的兴趣。[①] 如果人们以一条时间轴呈现过去，那么必须清楚地解释时间轴的关注重点，因为真正的历史从来都没有一条单一的时间轴路径。历史只不过由同时存在的多条时间线组成。

87

增强现实和混合现实

前文提到的案例可以被各种公共史学项目丰富，后者使用最新的数字技术，或利用可视化来激发受众的兴趣，特别是通过强调历史的体验感，突出过去生活状态的实感。20 世纪 90 年代，在虚拟现实（virtual reality, VR）的基础上，出现了一个最具活力的研究和发展领域——创造沉浸式体验的人工数字环境。如果说 20 世纪 90 年代的技术还非常有限的话，那么如今的虚拟现实已经是一个成熟的文化生产领域，不仅用于游戏，而且还用于飞行员培训一类的实际事务。汤姆·考德尔（Tom Caudell）在 1990 年提出的增强现实（augmented reality, AR）的概念基础即虚拟现实。增强现实意味着观察者感知的是叠加在现实世界上的虚拟物体。混合现实（mixed realities, MR）走得更远，它不仅覆盖了数字物体，还将数字物体放置在现实世界中，因此，虚拟物体和现实物体可以实时共存。在这

[①] Steven Pearson, "Multiple temporalities, layered histories", *Contemporaneity: Historical Presence in Visual Culture,* 6 (1), 2017, pp. 83-88; Marek Tamm and Laurent Olivier (eds.), *Rethinking Historical Time: New Approaches to Presentism,* London: Bloomsbury Academic, 2019.

个意义上，混合现实是现实世界和虚拟世界的叠加。①

因此，混合现实的目标是融合现实世界和数字世界的元素，提供一种在场感。数字史学项目使用混合现实时，可以融合不同的历史时期，同时表达历史感和现实感。因此，混合现实用途众多——教学、旅游或寓教于乐。正如詹妮弗·查莱诺（Jennifer Challenor）和马敏华（Minhua Ma）所言，"由于头戴式设备（head-mounted devices, HMD）与手机、平板电脑和掌上游戏机等智能设备的普及，混合现实的技术在过去十年里快速运用于商业计划和研究项目，如今已经融入了人们的日常生活"。②最受欢迎的增强现实和混合现实实例是游戏，游戏《宝可梦 GO》（*Pokémon GO*）在 2016 年的成功让全世界数百万人知晓并运用了这两种技术。混合现实应用程序在博物馆和旅游活动以及历史课堂中也取得了成功。学界一直在讨论混合现实技术会对教育工作者带来何种挑战，以及如何为教育活动创造更多可能性。

增强现实应用通常与沉浸式学习的理念有关，旨在为历史教学添加玩乐的元素，提倡互动式学习。③增强现实应用中有很多用于

---

① Yuichi Ohta and Hideyuki Tamura (eds.), *Mixed Reality: Merging Real and Virtual Worlds*, Berlin: Springer, 2014; Samuel Greengard, *Virtual Reality*, Cambridge, MA: MIT Press, 2019.

② Jennifer Challenor and Minhua Ma, "A review of augmented reality applications for history education and heritage visualisation", *Multimodal Technologies and Interaction*, 3 (2), 2019, pp. 1-20.

③ Jennifer Challenor and Minhua Ma, "A review of augmented reality applications for history education and heritage visualisation", pp. 4-6; Gabriela Kiryakova, Nadezhda Angelova and Lina Yordanova, "The potential of augmented reality to transform education into smart education", *TEM Journal,* 7 (3), 2018, pp. 556-565.

课堂的商业产品，如关于历史实物的应用程序，包括埃及石棺、罗马船只，甚至是 1666 年伦敦的历史环境。[①] 博物馆也推出了大规模的增强现实装置。新加坡国家博物馆玻璃旋转大厅举办了一个名为"森林的故事"（Story of the Forest）展览，创作团队是日本的数字艺术实验团队（Japanese digital art collective teamLab）。"森林的故事"沉浸式装置基于威廉·法夸尔自然历史图画收藏（William Farquhar Collection of Natural History Drawings）中的 60 幅图画，并将其转化为 3D 动画。该展览深入探索了新加坡殖民时期和当下的植物与动物。参观者可以在入场前下载一个免费的应用程序，通过展览中的增强现实元素了解更多信息。[②]

增强现实和混合现实也有很多适用于数字史学学家的应用程序。它们引发了关于沉浸式世界中历史角色的理论探讨，沉浸式世界中的过去和现在不仅相互融合，而且可以相互对话。[③] 增强现实和

---

① 更多内容，参见"历史增强现实实例"（History Augmented Reality Content）。（http://www.classvr.com/school-curriculum-content-subjects/augmented-reality-resources/history-augmented-reality-content/）

② 关于"森林的故事"，参见 https://www.nationalmuseum.sg/our-exhibitions/exhibition-list/story-of-the-forest; Charlotte Coates, 'How museums are using augmented reality – Best practice from museums around the world', *MuseumNext,* 7 February 2019。(https://www.museumnetxt.com/article/how-museums-are-using-augmented-reality/)

③ Olli I. Heimo, Kai K. Kimppa, Laura Tli-Seppälä, Lauri Viinikkala, Timo Korkalainen, Tuomas Mäkilä and Teijo Lehtonen, "Ethical problems in creating historically accurate mixed reality make-beliefs", *CEPE/ETHICOMP 2017 – Values in Emerging Science and Technology*, June 5-8 2017; Lauri Viinikkala, *Digitaalisia valheita vai historiallista tietoa? Aineellisen todellisuuden, kerronnan ja historiallisen tiedon suhde yhdistetyn todellisuuden teknologiaa hyödynt*ävissä menneisyyden esityksissä, Turku: University of Turku, 2019. (http://urn.fi/URN:ISBN:978-951-29-7524-2)

混合现实也可以同时应用于社会现实和学术研究。例如，混合现实已经成功地借助数字技术，重建损毁和破坏的历史建筑。[1] 2017年，"奇迹"（MIRACLE）项目制作了几个示范应用，用于历史遗址和博物馆。该项目还制作了一本指南，讲述应用于文化交流和学习场景的混合现实，还分析了混合现实的益处和风险。[2]

时间旅行

89   近年来，不少大型综合项目已经启动，以加强数字史学在科研、教学和社会推广方面的作用。其中，最雄心勃勃的是欧洲"时间机器"（Time Machine）项目，旨在利用智能扫描技术实现历史藏品的大规模数字化，将散落在欧洲大陆的资源集中起来，也会应用增强现实和混合现实技术，首要目的是挖掘欧洲2000年文化和历史的潜力。[3] "时间机器"项目受到早期"威尼斯时间机器"（Venice Time Machine）项目的启发，后者由洛桑联邦理工学院（École Polytechnique Fédérale de Lausanne）和威尼斯卡福斯卡里大学（Ca' Foscari University of Venice）于2012年推出，目的是制作一个威尼

---

[1] Lauri Viinikkala, "Digital but authentic? Defining authenticity of two church interiors reconstructed with mixed reality technology", *Finskt Museum*, No. 12, 2016, pp. 31-49.

[2] Seppo Helle, Hannu Salmi, Markku Turunen, Charles Woodward and Teijo Lehtonen, *MIRACLE Handbook: Guidelines for Mixed Reality Applications for Culture and Learning Experiences*, 2017. (http://urn.fi/URN:ISBN:978-951-29-6884-8)

[3] 关于"时间机器"项目，参见 https://www.timemachine.eu/。

斯的多维数字模型，以访问威尼斯城市的开放数字档案。[①]当然，时间机器只是一个非常形象的比喻。时间机器项目并不能实现科幻小说家赫伯特·乔治·威尔斯（Herbert George Wells）的时间旅行设想，但是能够利用数字技术，为所有用户提供探索历史的工具，有效地实现现在和过去发人深省的对话。

　　自 20 世纪 90 年代以来，公共史学一直是数字史学的一个重要组成部分。随着新技术和新研究方法的涌现，公共史学将继续发挥重要作用。呈现历史的方式也关乎历史研究者越来越重视的研究伦理。人们可以主动地学习历史知识，历史属于每一个人。因此，人们期望历史学家可以与其他领域的研究者和公众展开交流和对话。如今，历史学家通过开放获取式出版物发表研究，也通过一系列数字技术展现叙述历史的多种可能性。从博客文章到数据库，从社交媒体到策展服务，到处都能看到历史学家的身影。对于这项需要持之以恒的事业，数字史学提供了工具和洞察力来参与当下这个时代。

---

　　①　关于"威尼斯时间机器"项目，参见 https://www.epfl.ch/research/domains/venice-time-machine/。

结　语

2018 年，马雷克·塔姆和彼得·伯克编辑出版了《历史研究方<span></span>法新探》，讨论"历史理论和历史方法的前沿问题"，数字史学位列其中。此书讨论的话题还有全球史、后殖民史、神经史（neurohistory）和后人文主义历史等领域。[1] 在《历史研究方法新探》一书中，以及其他相关主题的文章中，"数字的"和"历史"的结合有两层含义。第一层是对数字时代历史研究的概括。塔姆具体解释道："因为无论是互联网还是文本处理程序，历史学家都在使用数字技术，所以在某种意义上，当下的所有历史学家都是数字史学学家。"[2] 然而，狭义的数字史学指使用数字技术和计算机方法的历史研究，且同时面向学界和公众。本书同意上述观点。数字史学强调历史学家如何使用数字技术，更重视公共史学的重要性。几十年来，公共史学一直是数字史学的核心。数字史学还强调，历史学家也需要关注数字人文领域的更成熟的计算机方法和发现。

---

[1]　Marek Tamm and Peter Burke (eds.), *Debating New Approaches to History,* New York: Bloomsbury Academic, 2018.

[2]　Marek Tamm, "Introduction: A framework for debating new approaches to history", in Marek Tamm and Peter Burke (eds.), *Debating New Approaches to History,* Kindle edition, p. 9.

91

　　研究工具和方法论显然是数字人文的核心。在论文集《2019年数字人文讨论集》中，林肯·穆伦（Lincoln Mullen）写道："对数字史学的读者来说，数字史学比大多数历史领域更注重研究方法。数字史学学家乐于撰写和阅读如何使用研究工具和软件展开研究和教学的教程。数字史学学家还乐此不疲地召开并参加关于研究方法的研讨会。"①这一观察是正确的，因为数字史学的指南和教程数量可观。历史学家比以往任何时候都更渴望学习计算机方法，并向数字人文学习。我们必须承认，历史学家专注于数字史学的教学方法和技能积累，有助于应对新研究挑战和不确定性，同时也在不断壮大数字史学的学生和研究者队伍。历史学家思考解决研究问题的方法，帮助他们找到历史学与其他研究领域的共同点，这也让历史学家更能从容地应对跨学科工作。

　　数字史学对方法论的关注和强调是其学科特征，也是区别于其他历史领域和人文学科的标志。研究者通常认为，在未来，"数字的"将变得不再特别，原因是数字资源和数字工具得到广泛的使用，不再需要标明"数字的"来强调"新意"或数字方法的特殊性。简·温特斯（Jane Winters）在《历史研究方法新探》中的论文表明了类似看法：

　　　　如果所有的学术研究和历史研究，在某种意义上都使用了

————————

　　① Lincoln Mullen, "A braided narrative for digital history", in Matthew K. Gold ed., *Debates in the Digital Humanities 2019*, Minneapolis, MN: University of Minnesota Press, 2019, pp. 382-388.

数字方法，为什么还需要"数字的"这个修饰语呢？也许未来
有一天，数字史学变得过时，人们会追忆研究者为新数字工具
的出现、新数字化原始资料的出版而兴奋的旧时代。然而，我
们还没有走到这一步……我们不知道数字技术将会把我们引向
何处，或者反过来说，为了用于历史研究和分析，我们如何能
够塑造和改变数字技术。①

　　温特斯是正确的。我们不知道数字技术会将历史学的未来引
向何方，也不知道数字技术和方法论会如何发展。如今可以明确的
是，无论是图书馆和档案馆等历史数据集的维护者，还是数据库商
业机构，都在为研究人员提供定制化和可量身打造的研究工具，
这意味着历史学家的研究方法更便捷，他们即使不待在机房里，也
可以用计算机测试数据。2018 年，盖尔公司推出了"数字学者实
验室"（Digital Scholar Lab），允许用户利用"十八世纪在线收藏"
（Eighteenth-Century Collection Online）和"英国国家图书馆报纸"
（British Library Newspapers）等数据集，以及各种文本挖掘工具，
如命名实体识别（named-entity recognition）、主题建模和文本情感分
析。② 我们将见证种种数字应用的未来发展轨迹和各种数据库将为研
究者提供的各种可能性，研究者不仅能使用现成的数字工具，还能

92

① Jane Winters, "Digital History", in Marek Tamm and Peter Burke (eds.), *Debating New Approaches to History*, Kindle edition.

② 关于"盖尔数字学者实验室"，参见 https://www.gale.com/intl/primary-sources/digital-scholar-lab。

参与数字工具的开发。这实在是引人遐想。

托尼·韦勒在 2013 年编写的论文集《数字时代的历史学》的序言中讨论了数字史学的未来，她表明："虽然数字史学是一个激动人心的、具有前瞻性的研究领域，但是它强调数字技术和数字工具，意味着数字史学可能会疏远更传统的历史学家。"[①] 毫无疑问的是，如果人们不仅将数字史学看作一个利用数字资源和数字工具的领域，而且还将其视为一个开发计算机方法以寻找新研究路径的领域，那么数字史学可能永远不会融入范围更广的历史研究，而是将继续成为历史学的分支。数字史学需要会编程的历史学家自学技术和完善技能；需要跨学科研究小组的相互交流，并找到以往数字史学指南和教程尚未发现的新方法；还需要与更多大型机构合作来开发适用于任何人的数字工具和服务。在这个意义上，"什么是数字史学?"就有了确定的答案。数字史学不断探索新思想和新方法，旨在拓宽人们理解、探索和呈现过去的研究路径。

---

① Toni Weller, "Introduction: History in the digital age", in Toni Weller ed., *History in the Digital Age*, London: Routledge, 2013, p. 4.

进一步阅读

Arnold, Taylor and Lauren Tilton. 2015. *Humanities Data in R*. New York: Springer.

Arnold, Taylor and Lauren Tilton. 2019. "Distant viewing: analyzing large visual corpora". *Digital Scholarship in the Humanities*, published online 15 March 2019. https://distantviewing.org/pdf/distant-viewing.pdf.

Bachmann-Medick, Doris. 2016. *Cultural Turns: New Orientations in the Study of Culture*. Berlin: De Gruyter.

Balbi, Gabriele and Paolo Magaudda. 2018. *A History of Digital Media: An Intermedia and Global Perspective*. New York: Routledge.

Beals, M. H. and Emily Bell, with contributions by Ryan Cordell, Paul Fyfe, Isabel Galina Russell, Tessa Hauswedell, Clemens Neudecker, Julianne Nyhan, Sebastian Padó, Miriam Peña Pimentel, Mila Oiva, Lara Rose, Hannu Salmi, Melissa Terras, and Lorella Viola. 2020. *The Atlas of Digitised Newspapers and Metadata: Reports from Oceanic Exchanges*. Loughborough. DOI: 10.6084/m9. figshare.11560059.

Berry, David M., ed. 2012. *Understanding Digital Humanities*. Basingstoke: Palgrave Macmillan.

Briggs, Asa and Peter Burke. 2009. *A Social History of the Media: From Gutenberg to the Internet*, 3rd edn. Cambridge: Polity.

Brügger, Niels and Ditte Laursen, eds. 2019. *The Historical Web and Digital Humanities: The Case of National Web Domains.* Abingdon, Oxon: Routledge.

Brügger, Niels and Ralph Schroeder, eds. 2017. *The Web as History: Using Web Archives to Understand the Past and the Present.* London: UCL Press.

Campbell-Kelly, Martin and Daniel D. Garcia-Swartz. 2015. *From Mainframes to Smartphones: A History of the International Computer Industry.* Cambridge, MA: Harvard University Press.

Ch'ng, Eugene, Vincent L. Gaffney and Henry Chapman, eds. 2013. *Visual Heritage in the Digital Age.* London: Springer Verlag.

Clavert, Frédéric and Serge Noiret, eds. 2013. *L'histoire contemporaine à l'ère numérique/Contemporary History in the Digital Age.* Brussels: Peter Lang.

Cohen, Daniel J. and Roy Rosenzweig. 2006. *Digital History: A Guide to Gathering, Preserving, and Presenting the Past on the Web.* Philadelphia, PA: University of Pennsylvania Press.

Cohen, Daniel J. et al. 2008. "Interchange: The promise of digital history". *The Journal of American History* 95 (2): 452–91.

Cordell, Ryan. 2015. "Viral textuality in nineteenth-century US newspaper exchanges". In *Virtual Victorians: Networks, Connections, Technologies,* edited by Veronica Alfano and Andrew Stauffer, 29–56. New York: Palgrave Macmillan.

Cordell, Ryan. 2017. "'Q i-jtb the Raven': Taking dirty OCR seriously". *Book History* 20 (1): 188–225.

Dougherty, Jack and Kristen Nawrotzki, eds. 2013. *Writing History in the Digital Age.* Ann Arbor, MI: University of Michigan Press.

Federico, Annette. 2016. *Engagements with Close Reading.* Abingdon, Oxon: Routledge.

Flanders, Julia and Fotis Jannidis, eds. 2019. *The Shape of Data in Digital Humanities: Modeling Texts and Text-based Resources.* Abingdon, Oxon: Routledge.

Foka, Anna, Jonathan Westin and Adam Chapman, eds. 2018. "Digital technology in the study of the past". Special issue, *Digital Humanities Quarterly* 12 (3). http://www.

digitalhumanities.org/dhq/vol/12/3/index.html

Galgano, Michael J., Chris Arndt and Raymond M. Hyser. 2008. *Doing History: Research and Writing in the Digital Age*. Boston, MA: Wadsworth.

Gantert, Klaus. 2011. *Elektronische Informationsressourcen für Historiker*. Berlin: De Gruyter.

Genet, Jean-Philippe and Andrea Zorzi, eds. 2011. *Les historiens et l'informatique: Un métier à réinventer*. Rome: École française de Rome.

Gere, Charlie. 2002. *Digital Culture*. London: Reaktion Books.

Gold, Matthew K., ed. 2019. *Debates in the Digital Humanities 2019*. Minneapolis, MN: University of Minnesota Press.

Graham, Shawn, Ian Milligan and Scott Weingart. 2016. *Exploring Big Historical Data: The Historian's Macroscope*. London: Imperial College Press.

Guldi, Jo. 2011. *What is the Spatial Turn?*. https://spatial. scholarslab.org/spatial-turn/.

Guldi, Jo and David Armitage. 2014. *The History Manifesto*. Cambridge: Cambridge University Press.

Haber, Peter. 2011. *Digital Past: Geschichtswissenschaft im Digitalen Zeitalter*. Munich: Oldenbourg Wissenschaftsverlag.

Helle, Seppo, Hannu Salmi, Markku Turunen, Charles Woodward and Teijo Lehtonen. 2017. *MIRACLE Handbook: Guidelines for Mixed Reality Applications for Culture and Learning Experiences*. Turku, Finland: University of Turku.

Hitchcock, Tim. 2013. "Confronting the digital, or how academic history writing lost the plot". *Cultural and Social History* 10 (1): 9–23.

Jänicke, Stefan, Greta Franzini, Muhammad Faisal Cheema and Gerik Scheuermann. 2015. "On close and distant reading in digital humanities: A survey and future challenges". In *Eurographics Conference on Visualization (EuroVis), 25–29 May 2015, Cagliari, Italy*, edited by R. Borgo, F. Ganovelli, and I. Viola. The Eurographics Association. https://www.informatik.uni-leipzig.de/~stjaenicke/Survey. pdf.

Jarlbrink, Johan and Pelle Snickars. 2017. "Cultural heritage as digital noise: Nineteenth century newspapers in the digital archive". *Journal of Documentation* 73 (6): 1228–1243.

Jenkins, Henry. 2006. *Convergence Culture: Where Old and New Media Collide*. New York: New York University Press.

Jenkins, Henry. 2006. *Fans, Bloggers, and Gamers: Exploring Participatory Culture*. New York: New York University Press.

Knowles, Anne Kelly, ed. 2008. *Placing History: How Maps, Spatial Data, and GIS are Changing Historical Scholarship*. Redlands, CA: ESRI Press.

Mandell, Laura. 2015. *Breaking the Book: Print Humanities in the Digital Age*. Malden, MA: Wiley-Blackwell.

Manovich, Lev. 2015. "Data science and digital art history". *International Journal for Digital Art History* 1: 13–35.

Moretti, Franco. 2000. "Conjectures on world literature". *New Left Review* 1, January–February: 54–68.

Moretti, Franco. 2005. *Graphs, Maps, Trees: Abstract Models for a Literary History*. London: Verso.

Moretti, Franco. 2013. *Distant Reading*. London: Verso.

Mullen, Lincoln. 2019. "A braided narrative for digital history". In *Debates in the Digital Humanities 2019*, edited by Matthew K. Gold, 382–388. Minneapolis, MN: University of Minnesota Press.

Nicholson, Bob, 2012. "Counting culture; or, How to read Victorian newspapers from a distance", *Journal of Victorian Studies* 17 (2): 238–246.

Nivala, Asko, Hannu Salmi and Jukka Sarjala. 2018. "History and virtual topology: The nineteenth-century press as material flow". *Historein* 17 (2). http://dx.doi.org/10.12681/historein.14612.

Nygren, Thomas, Anna Foka and Philip Buckland. 2014. *The Status Quo of Digital Humanities in Sweden: Past, Present and Future of Digital History*. https://www.researchgate.net/publication/267452609_The_Status_Quo_of_Digital_Humanities_in_Sweden_Past_Present_and_Future_of_Digital_History.

Nyhan, Julianne and Andrew Flinn, eds. 2016. *Computation and the Humanities: Towards an Oral History of Digital Humanities*. Cham: Springer.

Parikka, Jussi. 2007. *Digital Contagions: A Media Archaeology of Computer Viruses*. New York: Peter Lang.

Parikka, Jussi. 2012. *What Is Media Archaeology?*. Cambridge: Polity.

Parland-von Essen, Jessica and Kenneth Nyberg, eds. 2014. *Historia i en digital värld*. Version 1.0.1, May. https://digihist.files.wordpress.com/2014/05/hdv_v1_0_1.pdf.

Prescott, Andrew. 2018. "Searching for Dr Johnson: The digitisation of the Burney newspaper collection". In *Travelling Chronicles: News and Newspapers from the Early Modern Period to the Eighteenth Century*, edited by Siv Gøril Brandtzæg, Paul Goring and Christine Watson, 49–71. Leiden: Brill.

The Programming Historian. https://programminghistorian.org.

Rabinovitz, Lauren and Abraham Geil, eds. 2004. *Memory Bytes: History, Technology, and Digital Culture*. Durham, NC: Duke University Press.

Rendgen, Sandra. 2018. *The Minard System: The Complete Statistical Graphics of Charles-Joseph Minard from the Collection of the École nationale des ponts et chaussées*. New York: Princeton Architectural Press.

Rikowski, Ruth, ed. 2011. *Digitisation Perspectives*. Rotterdam: Sense Publishers.

Robertson, Stephen. 2016. "The differences between digital humanities and digital history". In *Debates in the Digital Humanities 2016*, edited by Lauren F. Klein and Matthew K. Gold. Minneapolis, MN: University of Minnesota Press.

Rosenzweig, Roy. 2011. *Clio Wired: The Future of the Past in the Digital Age*. New York: Columbia University Press.

Rushkoff, Douglas. 1994. *Media Virus! Hidden Agendas in Popular Culture*. New York: Ballantine Books.

Sampson, Tony D. 2012. *Virality: Contagion Theory in the Age of Networks*. Cambridge: Polity.

Schmale, Wolfgang. 2010. *Digitale Geschichtswissenschaft*. Vienna: Böhlau Verlag.

Seefeldt, Douglas and William G. Thomas. 2009. "What is digital history?", *Perspectives on History: The newsmagazine of the American Historical Association*, 1 May. https://www.historians.org/publications-and-directories/perspectives-on-history/may-2009/what-is-digital-history.

Smith, David A., Ryan Cordell and Elizabeth Maddock Dillon. 2013. "Infectious texts: Modeling text reuse in nineteenth-century newspapers", *Proceedings of the IEEE International Conference on Big Data, 6–9 October 2013, Santa Clara, CA,* 86–94. DOI 10.1109/BigData.2013.6691675

Smith, David A., Ryan Cordell and Abby Mullen. 2015. "Computational methods for uncovering reprinted texts in antebellum newspapers". *American Literary History* 27 (3): E1–15.

Svensson, Patrik. 2016. *Big Digital Humanities: Imagining a Meeting Place for the Humanities and the Digital.* Ann Arbor, MI: University of Michigan Press.

Tamm, Marek and Peter Burke, eds. 2018. *Debating New Approaches to History.* New York: Bloomsbury Academic.

Thompson Klein, Julie. 2015. *Interdiscipling Digital Humanities: Boundary Work in an Emerging Field.* Ann Arbor, MI: University of Michigan Press.

Weingart, Scott. 2014. "The moral role of DH in a data-driven world", 14 September. http://www.scottbot.net/HIAL/index.html@p=40944.html.

Weller, Toni, ed. 2013. *History in the Digital Age.* London: Routledge.

Wevers, Melvin and Thomas Smits. 2020. "The visual digital turn: Using neural networks to study historical images". *Digital Scholarship in the Humanities* 35 (1): 194–207.

Zaagsma, Geerben. 2013. "On digital history". *BMGN – Low Countries Historical Review* 128 (4): 3–29.

Zielinski, Siegfried. 1999. *Audiovisions: Cinema and Television as Entr'actes in History.* Amsterdam: Amsterdam University Press.

索 引

（页码为本书边码）